教えて南部先生！ 18歳から知っておきたい 契約の落とし穴

高額寄附被害者救済二法

南部義典 著

C&R研究所

はじめに

みなさんは今までに、カンパ、募金その他の名目で、寄附をしたことがあるでしょうか。思いやり、善意で行った、金額が小さなものであれば、問題は特段生じません。しかし、自分が合理的で正しいといくら信じても、相手方から不当な勧誘を受けてのものであったり、無理な借金をし、生計維持に必要な財産を売り払うなどしてその原資を確保し、将来にわたって影響（負担）が生じる程度の金額となれば、話は別です。昨今、高額な寄附や、霊感商法等により貴重な財産を失い、本人にとどまらず家族も否応なく巻き込む事例が発生しており、深刻な社会問題となっています。

２０２２年は特に、いわゆる旧統一教会の信者が過去に行った高額寄附（献金）の実態が広く報じられ、その被害者の救済と予防策を講じることが喫緊の政治課題と位置づけられました。同年秋以降、被害者救済の法律を新たに制定するべきか、制定するとすればどのような内容とするべきか（救済の対象、方法など）、政府、国会において喧々諤々の議論が交わされたのは記憶に新しいところです。

出発点となった「救済二法」

２０２２年12月16日、①法人等による寄附の不当な勧誘の防止等に関する法律、②消費者契約法及び独立行政法人国民生活センター法の一部を改正する法律が公布され、2023年1月5日に施行されました(一部規定を除く)。②は、二本の法律の改正を含めるもので、一本の法律として数えます。本書は便宜的に、①②をまとめて「高額寄附被害者救済二法」と呼びます(略して救済二法)。

それぞれの内容を端的にいえば、①は「寄附に関する一般的規制」、②は「霊感商法等の契約取消しと紛争解決の強化に関するルール」を定めたものです。具体的には、①は、消費者契約法の対象とはならない「寄附一般」に関して、法人等(寄附を勧誘する者)の個人(勧誘される者)に対する配慮義務、禁止行為を定め、それぞれ違反があった場合には行政措置(報告徴収、勧告など)の対象としたほか、禁止行為に対する命令、罰則(拘禁刑、罰金刑)を定めました。②は、消費者契約に当たる寄附、霊感商法に係る契約の取消権の範囲を拡大し、かつ、その行使期間を伸長しました(困惑から脱した時から3年間、契約締結の時から10年間)。また、独立行政法人国民生活センターが扱う重要消費者紛争(消費者と事業者との間に生じた紛争のうち、その解決が全国的に重要であるもの)に関して、和解仲介、仲裁の手続きを計画的に実施する責務などを定めています。

もっとも救済二法は、制度として出発点に立ったに過ぎず、早晩、次のルールづくりに向けた議論が始まります。政府、国会では、法の運用状況を見ながら、あるべき制度を求めて検討が続けられ、施行後2年(2025年1月5日)を期限の目途として、必要な見直しが行われることになっています。その背景には、制度上有すべき実効性に関して、一体どこまで救済の網が掛かるのか、疑念が拭い切れていないことが指摘できます。本当の意味で「使い勝手のよい」制度とするには、専門家の関与を深めることはもちろん、市民、消費者の立場に照らして視野を拡げて、内容を不断に磨き上げていく実践が不可欠です。

真価が問われる、18歳の「消費者力」

筆者は、救済二法が制定された意義を「18歳成人」との関係を以て捉え、みなさん自身の「消費者力」を高める機会と捉えていただきたいと願っています。本書のねらいは、そのための着目点ないし考察点を提示することにあります。

２０２２年4月1日、民法の成年年齢が18歳に引き下げられました。成年に達した人は一般に「成人」と呼ばれ、法的には「一人前」と扱われます。成人となるまでの間に、市民社会における契約の意義をはじめ、消費者トラブルに巻き込まれないための知識やトラブルに巻き込まれた場合の対処方法など（市民性スキル）を身に付けておくことが求められます。

しかし、この市民性スキルは、いわば「成人の基礎的心構え」として在るものの、自らのためだけに体得すべきものにとどまりません。トラブルを抱え、悩み苦しむ家族、友人などに寄り添い、伴走しながら問題を解決に導いていく感性、能力を備えることも成人の条件であり、「消費者力」の中心要素であると考えられるからです。これからの時代においては、社会に潜み、取り残されている問題に光を当てて、その問題を他人事ではなく自分事として受け止め（共感力の醸成）、必要なルールづくり、運用改善に結実させるなどして、市民社会全体のマネジメントの強化、向上を図っていく行動姿勢こそ大切です。

あえて付言すれば、国会において様々な政策課題が政局偏重に語られ、報じられる傾向が強くなる中、救済二法の存在意義が忘れ去られかねない状況となっていることに、筆者は幾ばくかの危惧を抱いています。政局とは一定の距離を置いて、救済二法を読み返し、諸論点を再考すべきタイミングであると実感しています。

本書は、救済二法の国会審議で示された政府答弁を中心にとりまとめ、法律の要件と効果、具体的な事例のあてはめを集約する内容で構成しています。また、審議には至りませんでしたが、野党が提出した法律案も、対立論点の理解に資するため、その概要を示しています。さらに、救済二法を制定する背景となった社会的事実と密接に関係する論点として、憲法上保障される信教の自由、宗教法人法に基づく報告徴収・質問権、宗教法人の解散命令請求の制度なども解説しています。特に、解散命令請求の対象となる宗教法人の財産を保全する策については、救済二法とは別の新法が制定されるに至り、その運用を待つばかりとなっています。

「使いこなし」に意味がある法律

私たちの社会では、法律は「論理的説明の手段」としても用いられます。個人、法人の権利を守る防具であり、他方で相手に対する武器ともなるもので、立場によって使い方が真逆になります。内容を暗記するのではなく、場面を想定しながら、どのように活用するか（できるか）という観点で読み進めていただくと、理解が深まるでしょう。

本書で扱う法律は特に、条文中によくわからない用語が頻出し、その用語の意味を探るために別の条文、規定を探り当てる、という作業が続きます。慣れない間は、用語の煩わしさだけが付きまといますが、書いてある内容を丸覚えする必要はありません。結論を直感的に導くのではなく、条文に立ち返って解釈とあてはめを順に進めていくという思考パターンが身に付けば、日常生活の中でも役に立つことが増えるはずです。

制度のバージョンアップは、みなさんの意欲、志にかかっています。本書が学習の一助となれば幸いです。

２０２３年12月

南部　義典

■本書について

①本書で扱う主な法律は、次表のとおりです。

法律名（公布日、番号）	略　称	
法人等による寄附の不当な勧誘の防止等に関する法律（2022年12月16日法律第105号）	救済二法	不当寄附勧誘防止法
消費者契約法及び独立行政法人国民生活センター法の一部を改正する法律（2022年12月16日法律第99号）	救済二法	消費者契約法等改正法
消費者契約法（2000年5月12日法律第61号）	—	
独立行政法人国民生活センター法（2002年12月4日法律第123号）	センター法	
民法（1896年4月27日法律第89号）	—	

②本書で引用する法令は、2023年12月1日時点の内容です。
最新のデータは、政府の「e-Gov法令検索」https://elaws.e-gov.go.jp/をご参照ください。

③消費者契約法に関して、2022年6月改正（2022年6月1日公布（法律第59号）、2023年6月1日施行）の内容を踏まえて、条名の必要な修正を行っています。

④本書で引用する法令の条文、通知文、決議文の一部箇所に、傍線を随意引いています。

⑤参考とした会議録（第210回国会、臨時会）は次のとおりです。

【衆議院】　本会議　第13号（2022年12月6日）
第14号（　　同　　8日）
消費者問題に関する特別委員会　第4号（2022年12月6日）
第5号（　　同　　7日）
第6号（　　同　　8日）

【参議院】　本会議　第11号（2022年12月8日）
第12号（　　同　　10日）
消費者問題に関する特別委員会　第4号（2022年12月9日）
第5号（　　同　　10日）

CONTENTS

目次

第5章 民法上の被害者救済策

第6章 宗教法人の解散

第1章

立法の背景と法案審議

SECTION 01

立法の背景と与野党協議の経過

ポイント

安倍元総理銃撃事件の被疑者の犯行動機、生い立ち等をめぐる報道をきっかけに、旧統一教会の信者が行った寄附の実態（被害）が社会的関心を呼び、被害者救済策（既存の法律改正、新規の法整備など）を必要と考える世論が高まりを見せていきました。第２１０回国会（臨時会）では、法案内容の検討に向けた与野党協議が複数の枠組みで進められました。最終的に内閣が救済二法（案）を国会に提出し、会期内に成立させるに至っています（２０２２年12月10日）。

２０２２年７月８日、安倍晋三元内閣総理大臣が参議院議員通常選挙の遊説先で、自身の演説の最中に背後から銃撃され、死亡する事件が発生しました。総理経験者を死に至らしめる突然の犯罪の発生に誰しも驚き、次々と伝えられる速報ニュースに国内外は戦慄《わなな》きの連続でした。被疑者は現場で逮捕され、勾留、鑑定留置の後、

2023年1月13日に殺人罪、銃刀法違反の罪で起訴されました。同年3月30日には、武器等製造法違反などの罪で追起訴され、奈良地裁で現在、公判前整理手続きが行われています。

事件後の報道で、被疑者の生い立ち、経歴が少しずつ明らかになっていきました。長年にわたる旧統一教会との間のトラブルによる恨念が、同教会との関係が深く、強大な政治的影響力を有する安倍元総理に対する犯意形成を決定付けたとみられています。被疑者の母親が熱心な信者であり、高額の寄附を行った結果（総額1億6千万円超との報道あり）、家族（本人、兄、妹）の人生が大きく狂わされるに至ったのです。被疑者の生い立ちに関する報道が重なるにつれ、「宗教二世」「信者二世」という存在が広まり、旧統一教会信者の高額寄附をめぐる問題として改めて知れ渡ることとなり、具体的な救済策を図るべきとする世論が高まっていきました。

もっとも、政府、国会において直ちに法案作成の方針が固まり、準備が始められたわけではありません。参議院議員通常選挙が執行される年（3年に一度）では、臨時会の召集が二度（①選挙後すぐの短期間のもの、②秋ごろ改めて召集される長期間のもの）に分けて行われるのが慣例となっており、一定の政治空白（①と②の間）を避けることができなかったのです。この期間、主として自民党所属の議員と旧統一教会との過去ないし現在の「接点」に関する報道が過熱する中で、政府、与党の中枢は、急きょ挙行されることとなった故・安倍元総理の「国葬儀」(2022年9月27日)の準備や、漸増する「挙行反対」意見への説明対応が重く圧し掛かり、後述の救済法の整備まで熟思が及んでいなかったとみえます。

相談体制の強化、必要な法制度の検討

政府の対応、取り組みは、旧統一教会問題に係る被害実態の把握と、各行政機関の連携の強化を図るところから始まりました。

政府は2022年8月18日、「旧統一教会」問題関係省庁連絡会議(政府連絡会議)を発足させ、各地の法務局(人権擁護を担当)、日本司法支援センター(法テラス)等における相談体制の強化を確認し、9月5日には合同電話相談窓口を設置しました(11月14日、法テラスの「霊感商法等対応ダイヤル」に引き継がれ、現在に至っています)。政府連絡会議の第3回会合(11月10日)では、「被害者の救済に向けた総合的な相談体制の充実強化のための方策」を取りまとめました。今後必要となる取組みとして、㋐

法テラスの抜本的な充実・強化、㋑消費生活相談等の強化、㋒警察による適切な関与、㋓精神的・福祉的支援の充実、㋔こども・若者の救済、㋕在外邦人の保護などを挙げています。

また、消費者庁は2022年8月29日、有識者、実務家から構成される「霊感商法等の悪質商法への対策検討会」を発足させ、検討内容を踏まえた『報告書』を同年10月17日に公表しました。『報告書』の内容は次のセクション02で触れますが、その後の法整備の方向性や旧統一教会に対する報告徴収・質問権の行使（宗教法人法の規定に基づく）など、政府・国会が着手すべき施策、対応の具体的方向性を示すものとなっています。

以上の政府連絡会議、消費者庁の動きは、いわゆる被害者救済のための新法（後に、①既存の消費者契約法等の改正に当たる内容と、②消費者契約法の枠組みに入らない被害者を救済するための新法の制定、の2本に整理されました）を必要と考える世論に一旦応えることにはなったと評価できます。

もっとも政府は、当初、第210回国会（臨時会、2022年10月3日～12月10日）においては、①消費者契約法等の改正法のみを成立させ、②のカテゴリーに当たる救済新法は２０２３年1月召集の第２１１回国会（常会）に先送りする方針を固めていました。与党である自民党、公明党の間に元々、立法意欲の程度差もあり、意見調整がスムーズに行われなかったことも背景にあります。しかし、①だけ取り組んでも、②の意味、つまり消費者契約法の枠組みに入らない寄附をめぐっての被害者救済が遅れることは、火を見るより明らかでした。

4党協議の場などにおける調整

第２１０回国会から国会対策（活動）上の協力関係に立っていた立憲民主党、日本維新の会は、あくまで旧統一教会問題に係る被害実態に即した立法の必要性を説き、救済対象の広い法案の検討、起草を独自に先行させ、同年10月17日、「特定財産損害誘導行為による被害の防止及び救済等に関する法律案」を衆議院に共同提出しました（第２１０回国会衆法第４号）。この立憲・維新案がたたき台となり、与党である自民党、公明党との４党協議が始まっています（２０２２年10月21日から11月24日までの間、計９回）。

４党協議では、立憲・維新案の基軸概念であるマインドコントロール（法文上は「特定財産損害誘導行為」）の意義やその判断の可否、救済の範囲、方法等をめぐっての対立が徐々に顕在化し、一時は協議に急ブレーキが掛かり、暗礁に乗り上げそうになりました。被害（者）をどう捉え、どうやって救済するかという基本的枠組みに関して、各党のイメージに元々大きな隔たりがあり、協議の進め方にも一定の政治的思惑、駆け引きが働いたことは否めません。今から振り返れば、与党側の調整不足と相まって、法案提出主体を内閣とするか（閣法）、議員とするか（議員立法）を予め決めないで協議を始めたことも、スケジュール感の認識ギャップをかえって生むこととなり、協議の空転、立ち止まりの遠因となったといえます。

4党協議と並行して、自民・公明両党と国民民主党との協議体が立ち上がり（2022年11月9日から18日までの間、計3回）、さらに各党幹事長クラスの協議（11月18日、24日ほか）が入るなどして意見調整が進められ、一定の政治決着が図られました。

最終的に内閣が法案提出主体となり、2022年12月1日、不当寄附勧誘防止法案（第210回国会閣法第22号）を国会に提出し、11月18日に先行提出していた消費者契約法等改正案（同第18号）とともに、会期最終日（12月10日）に成立させるに至っています。前者は、各党幹事長クラスの協議を踏まえ、その合意内容に基づいて、衆議院の委員会審査において3項目の法案修正が施されています。

衆議院における法案修正(3項目)

①法人等は、寄附の勧誘を行うに当たり、寄附者等に対して十分に配慮しなければならないとすること。

②法人等が配慮義務を遵守しない場合について、勧告、公表等を可能とすること。

③この法律の規定について検討を加え、必要な措置を講ずるために目途とする期間を、法律の施行後2年とすること。

SECTION 02

消費者庁検討会の報告書

ポイント

消費者庁検討会『報告書』は、２０２２年10月17日に公表されました。「総論」①から⑤までの内容は、その後の救済二法の制定、旧統一教会に対する報告徴収・質問権の行使、被害相談体制の充実・強化など、具体的な施策に向けた道筋を示しています。

消費者庁「霊感商法等の悪質商法への対策検討会」は、２０２２年８月29日から10月13日まで計７回、開催されました。霊感商法等に関する消費者庁の相談対応を検証しつつ、被害者の救済等に必要な施策について、新たに講ずるべき法制上の措置、運用も含めた提言をまとめた『報告書』を公表しています（10月17日）。本文は、消費者庁ウェブサイトで公開されています。

https://www.caa.go.jp/policies/policy/consumer_policy/meeting_materials/review_meeting_007/assets/consumer_policy_cms104_221014_09.pdf

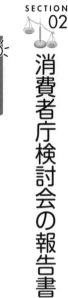

5つの提言（総論）

『報告書』4頁、「総論」①から⑤までの内容は以下のとおり、後に整備される救済二法の枠組み、旧統一教会に対する報告徴収・質問権等の行使、被害相談体制のあり方に、一定の道筋（施策方針）を示したものです。各項目（①から⑤まで）の見出しは、筆者が付しています。

①報告徴収・質問権の行使

旧統一教会については、社会的に看過できない深刻な問題が指摘されているところ、解散命令請求も視野に入れ、宗教法人法（昭和26年法律第126号）第78条の2に基づく報告徴収及び質問の権限を行使する必要がある。

政府は、①の内容に沿い、旧統一教会に対して2022年11月22日、12月14日、2023年1月18日、3月1日、3月28日、5月24日および7月26日の7回にわたって、報告徴収・質問権を行使しています。そして、得られた回答をもとに、東京地方裁判所に対して解散命令請求を行うに至っています（10月13日）。これまでの経過、内容に関して、セクション32～35で解説します。

②取消権の拡大
霊感商法等による消費者被害の救済の実効化を図るため、取消権の対象範囲を拡大するとともに、その行使期間を延長するための法制上の措置を講ずるべきである。

②取消権の対象範囲の拡大、行使期間の伸長に対応したのが、今回の消費者契約法第4条第3項第8号、第7条の改正です。その内容は、セクション15、16で解説します。

③寄附規制の検討
寄附に関する被害の救済を図るため、公益社団法人及び公益財団法人の認定等に関する法律（平成18年法律第49号）第17条（寄附の募集に関する禁止行為）の規定を参考にしつつ、寄附の要求等に関する一般的な禁止規範及びその効果を定めるための法制化に向けた検討を行うべきである。

③寄附規制の部分に対応したのが、消費者契約法改正法とは別に制定された不当寄附勧誘防止法です。ここで出てくる公益社団法人認定法第17条の内容を確認しておきます。

公益法人の理事若しくは監事又は代理人、使用人その他の従業者は、寄附の募集に関して、次に掲げる行為をしてはならない。
一　寄附の勧誘又は要求を受け、寄附をしない旨の意思を表示した者に対し、寄附の勧誘又は要求を継続すること。
二　粗野若しくは乱暴な言動を交えて、又は迷惑を覚えさせるような方法で、寄附の勧誘又は要求をすること。
三　寄附をする財産の使途について誤認させるおそれのある行為をすること。
四　前3号に掲げるもののほか、寄附の勧誘若しくは要求を受けた者又は寄附者の利益を不当に害するおそれのある行為をすること。

第17条が第1号から第4号までの禁止行為を規定したのは、公益法人（公益事業を行う法人）が寄附の募集に当たって不適切な行為をした場合には、公益法人制度に対する社会的信用が失われ、寄附などを通じた慈善活動に対する国民の意欲、ひいては公益法人による公益的な事業活動が阻害されるおそれがあるためです（新公益法人制度研究会『一問一答 公益法人関連三法』商事法務、２００６年、２１７頁）。特に第４号は、包括的な規定ぶり（禁止の幅が広い）となっています。

実際、不当寄附勧誘防止法では禁止行為違反に対する罰則の適用可能性があり、犯罪構成要件としての明確性が要求される等の違いがあるため、同法第４条の規定ぶりは、公益法人認定法第17条とは異なるものとなっています。詳しくは第２章で解説します。

④相談対応

相談対応に関しては、より多くの関連分野の専門家とも連携を図り、特にこどもの立場に立って、児童虐待等からの保護はもちろん、いわゆる宗教二世に対する支援を行う必要がある。

④相談対応に関しては、宗教上の理由で相談に消極的な対応をしないよう、政府から全国の自治体等に対して必要な通知が行われているほか（2022年10月6日、12月27日の二度）、法テラスにおける「霊感商法等対応ダイヤル」が2022年11月14日に開設され（合同電話相談窓口からの引継ぎ）、現在も運用されています。

⑤周知啓発・消費者教育
周知啓発・消費者教育に関しては、消費者被害に関する情報を迅速に公表するとともに、消費生活センターの存在の周知を強化し、また高校生を含めた消費者教育の過程で霊感商法等に関する情報を伝えることが重要である。

⑤周知啓発・消費者教育の対応として、2022年度政府補正予算、2023年度政府予算（当初）で予算が確保され、必要な施策が進められています。被害防止の啓発動画が配信されているほか、高校等の消費者教育では、霊感商法等に関する個別具体的な事例を掲載した啓発チラシを活用することが検討されています。セクション40で解説します。

SECTION 03

法案審議、成立までの経緯

ポイント

内閣は、消費者契約法等改正案を２０２２年11月18日に、不当寄附勧誘防止法案を12月1日に、それぞれ国会に提出しました。第２１０回国会の会期末（12月10日）が迫る中、法案審議の時間を確保するための会期延長論も一時燻《くすぶ》りましたが、両法案は会期最終日に成立しています。不当寄附勧誘防止法案は、衆議院で３項目の修正が行われています（12月8日）。

消費者契約法等改正案、不当寄附勧誘防止法案の審査（委員会）、審議（本会議）は、第２１０回国会（臨時会、２０２２年10月3日～12月10日）の最後の5日間で、まさに短期集中「突貫工事」の様相を呈しました。両法案は特に会期最終日（慣例上、委員会等を開かない土曜日）に成立するなど、国会運営上「異例中の異例」の扱いであったといえます。

法案審査の時間を十分に確保するため、あえて議決をしないで次の国会に継続（先送り）させる方法（閉会中審査）も残されていましたが、野党側は法案内容に異議があったとしても、正面から反対すると「旧統一教会の被害者救済に後ろ向き」との批判を招きかねない状況であったため、「会期内成立」という絶対的日程感の下で両議院の採決を押し切られた面があります。

その野党側が両法案に「賛成」する方針を取るために、与党側と折り合う条件となったのが、衆議院段階の修正項目でした。セクション01でも触れましたが、①法人等は、寄附の勧誘を行うに当たり、寄附者等に対して十分に配慮しなければならないこと、②法人等の配慮義務の遵守を勧告等の行政措置の対象とすること、③法律の見直し期限の目途を施行後3年から2年に短縮すること、の3点です。修正は、衆議院の法案審査の終盤に行われたため、その内容を踏まえた審査、審議は実質、参議院に限られたものとなりました。

救済二法（案）の審査、審議のプロセス

法案の審査、審議のプロセスは次のとおりです。

【衆議院】
２０２２年12月６日（火）
本会議　・法案提出理由の説明（河野国務大臣）
・対政府質疑（岸田総理登壇、自民、立憲、維新、公明、国民、共産）
消費者問題特別委員会　・法案提案理由の説明（河野国務大臣）
・対政府質疑（自民、公明）
12月７日（水）
消費者問題特別委員会　・参考人質疑
・対政府質疑（立憲、維新、国民、共産）
12月８日（木）
消費者問題特別委員会　・対政府質疑（岸田総理出席締め括り、自民、公明、立憲、維新、国民、共産）
・不当寄附勧誘防止法案に対する修正動議（修正案①自民外４会派、修正案②共産）
・討論（共産）

・採決　消費者契約法等改正法案――可決
不当寄附勧誘防止法案――修正議決
・附帯決議（12項目）
本会議　・委員長報告
・討論（共産、自民、立憲、維新、国民）
・採決（可決）　参議院に送付

【参議院】
12月8日（木）
本会議　・法案提出理由の説明（河野国務大臣）
・対政府質疑（岸田総理登壇、自民、立憲、公明、維新、国民、共産）
12月9日（金）
消費者問題特別委員会　・対政府質疑（自民、立憲、公明、維新、国民、共産）
・参考人質疑
12月10日（土）

消費者問題特別委員会　・対政府質疑（岸田総理出席締め括り、自民、立憲、公明、維新、国民、共産）
・討論（共産）
・採決（可決）
・附帯決議（16項目）

本会議　・委員長報告
・討論（共産、自民、立憲、公明、維新、国民）
・採決（衆議院送付案―可決）

12月16日（金）　公布（第99号、第１０５号）
２０２３年1月5日（木）　施行（一部を除く）

法案審査を行った衆参消費者問題特別委員会では、審査時間の総計がそれぞれ12時間4分、13時間18分に上り、附帯決議がともに行われています（衆12項目、参16項目）。参議院の審査時間が衆議院を上回ったのは、「再議の府」としての矜持を示したものでしょう。

SECTION 04

救済二法を考える際の注意点

ポイント

救済二法は、旧統一教会問題が最大の契機となって制定されたものですが、この問題の解決だけに焦点を絞ったものではありません。また、被害者の「救済」というと、過去の分も含めて寄附（献金）が全額返還されるかのような印象を受けますが、それは誤った理解であり、注意が必要です。救済二法は、施行日である2023年1月5日以降に行われた消費者契約、寄附を適用対象としています。法律の効果は原則、過去の事実ないし行為に遡りません。

本書を読み進めていただくに当たって、以下5つの点に注意してください。

第一に、憲法との関係です。憲法は国の最高規範であり（第98条第1項）、憲法に違反する法律を制定することはできません。その内容は当然、憲法上許される範囲内となります。寄附やその勧誘に一定の制約を設ける法律を検討する場合も、例外ではありません。憲法は、個人の自己決定権（第13条）、信教の自由（第20条第1項）、財産権（第29条第1項）をそれぞれ保障しています。寄附を受ける側の法人にも、法人としての明文規定はありませんが、結社を前提とした「活動の自由」が最大限保障されます。寄附が関係する権利を制約する立法は、その目的が「必要不可欠」であり、立法目的達成の手段が「最小限度」である必要があると考えられます。規制の内容、範囲が過度に及ぶことになれば、裁判所が憲法違反と判断し、法律が無効とされることもあります。救済二法と関係する憲法の条文は、次のとおりです。

参照条文・憲法
第13条【個人の尊重と公共の福祉】　すべて国民は、個人として尊重される。生命、自由及び幸福追求に対する国民の権利については、公共の福祉に反しない限り、立法その他の国政の上で、最大の尊重を必要とする。
第20条【信教の自由】
①　信教の自由は、何人に対してもこれを保障する。いかなる宗教団体も、国から特権を受け、又は政治上の権力を行使してはならない。

②・③（略）

第29条【財産権】

① 財産権は、これを侵してはならない。

② 財産権の内容は、公共の福祉に適合するやうに、法律でこれを定める。

③（略）

第98条【憲法の最高法規性】

① この憲法は、国の最高法規であつて、その条規に関する法律、命令、詔勅及び国務に関するその他の行為の全部又は一部は、その効力を有しない。

②（略）

救済二法は、立法者（国会）が憲法上当然に許容されると判断し、制定されたものですが、画された「限界」が法的、政治的にどのような意味を有するのか、引き続きの検証が必要です。

第二に、救済二法の射程範囲です。救済二法は、旧統一教会の問題（信者、家族の救済）だけを射程に入れ、カバーするものではありません。不当寄附勧誘防止法は、法人等が主体となった勧誘行為を規律する「一般法」としての位置付けです。改正消費者契約法も、消費者契約の形を取る寄附や悪徳商法に広く適用されます。旧統一教会の問題が最大の立法契機であることは紛れもなく、疑いの余地がありませんが、条文を読み、解釈していく場合には、ごく一般的な事例の当てはめ、立法による影響（の範囲、程度）を考慮しなければなりません。

第三に、法律の遡及効が否定される点です。遡及効とは、過去（施行期日前）に遡って法律の効果が及ぶことをいい、一般に否定されています（これを認めると、法的安定性を害するからです）。救済のための法律と単純に捉えると、過去に行った高額寄附についても適用され、返還が可能となるとの誤解を招きかねず、特に注意が必要です。救済二法により「取消し」の対象となるのは、あくまで施行期日後になされた消費者契約、寄附の意思表示です（消費者契約法等改正法附則第2条第1項、不当寄附勧誘防止法附則第2条）。

第四に、救済二法という略称の妥当性です。実際、救済二法の正式名称、条文の中に、「救済」の二文字は一度も出てきません（代わりに「保護」が出てきます）。第三の注意点とも関係しますが、「救済」が無いのに救済二法と呼ぶことで、実際に制定された法律の内容と世間一般の受け止めとの乖離を生み、拡げている面があります（ただし、本書も一般的な略称に従い、悩みながら「救済二法」を使用している点を弁解させていただきます）。「救済」という用語のイメージが膨らみ過ぎると、法制度を捉え違えてしまいます。施行後、被害者が一律に、自動的に救済される（寄附が全額返還される）わけでは決してなく、消費者契約、寄附の取消しの意思表示は基本的に、いわゆるマインドコントロールが解けた状態で自らが行い、主に裁判上で主張し、立証しなければなりません。

第五に、次回法改正への筋立てです。救済二法の枠組み、内容を押さえながら、この先のあるべきルールを見据える必要があります。救済二法の制定によって、既存の法律、民事ルールと相まって重層的な制度が形作られましたが、その実効性が確実に担保されたわけではありません。「法律あって、救済なし」とならないよう、次回の法改正を構想する視点が不可欠です。

本書で扱う被害者救済の枠組み（制定法）

不当寄附勧誘防止法 （本書第2章）	・寄附勧誘の規制（配慮義務、禁止規定、行政措置、罰則） ・寄附の意思表示の取消し ・債権者代位権（民法）の特例 など
改正消費者契約法 （同第3章）	・霊感告知勧誘の取消権に係る要件の明確化 ・取消権の行使期間の伸長
改正国民生活センター法 （同第3章）	・重要消費者紛争の解決手続の迅速化 ・適格消費者団体に対する支援 など
民法 （同第5章）	・公序良俗違反による無効 ・錯誤、詐欺による取消し ・債権者代位権 ・詐害行為取消権 ・不法行為に基づく損害賠償請求 ・使用者責任

第2章

不当寄附勧誘防止法の制定

SECTION 05

不当寄附勧誘防止法の全体構造

ポイント

不当寄附勧誘防止法の本則は、６つの章と18の条文から成ります。附則には、６つの条文があります。施行後２年（２０２５年１月５日）を目途とする、法律の見直し条項も置かれています（附則第５条）。

法律は一般に、「本則」と「附則」の二段階で構成されます。一冊の本に例えると、「本体」と「付録」というイメージで間違いありません。

法律の目的など主たる内容は本則で、施行期日、経過措置などは附則で、それぞれ定められます。不当寄附勧誘防止法の目次（各章各節の見出し）は、次のとおりです。本則には18の条文があります。

目次

第1章は「総則」です。第1条【目的】では「法人等」、第2条【定義】では「寄附」という用語が出てきます。本法の理解には、これらの意義を押さえることが大切です。セクション06で解説します。

第2章は「寄附の不当な勧誘の防止」です。第1節【配慮義務】は、内閣提出の原案では第1章に置かれていましたが、衆議院段階の修正により第2章に移りました。配慮義務の内容はセクション07で解説します。第2節【禁止行為】はセクション08・09で、第3節【違反に対する措置等】はセクション11で、それぞれ解説します。配慮義務と禁止行為の内容のほか、違反した場合にどのような行政措置や罰則の対象となるかなど、法律上の効果の違いに注意してください。

第3章は「寄附の意思表示の取消し等」です。本法の中核部分を成しています。第8条【寄附の意思表示の取消し】、第9条【取消権の行使期間】はセクション10で、第10条【扶養義務等に係る定期金債権を保全するための債権者代位権の行使に関する特例】はセクション12で、それぞれ解説します。

第4章は「法人等の不当な勧誘により寄附をした者等に対する支援」です。セクション13で解説します。

第5章は「雑則」です。第12条【運用上の配慮】、第13条【内閣総理大臣への資料提供等】、第14条【権限の委任】、第15条【命令への委任】から成っています。第12条はセクション06で解説します。第15条「命令」とは政令(内閣が制定主体となる「施行令」)、省令（各省大臣が制定主体となる「施行規則」）を指します。

第6章は「罰則」です。第2章第3節（第6条～第7条）に定める行政措置に反した場合に問題となります。セクション11で解説します。

法律の施行期日

附則第1条【施行期日】の本文は、「この法律は、公布の日から起算して20日を経過した日から施行する」と定めています。法律の公布は2022年12月16日であったため（第105号）、施行は、一部の規定を除いて2023年1月5日となっています。

第4条（第3号、第4号に係る部分）、第8条（第4条第3号、第4号に係る部分）は、消費者契約法及び財産的損害の集団的な回復のための民事の裁判手続の特例に関する法律の一部を改正する法律（2022年6月1日法律第59号）の施行期日（2023年6月1日）に施行されました（附則第1条第1号）。

また、第5条【借入れ等による資金調達の要求の禁止】、第2章第3節（第6条【配慮義務の遵守に係る勧告等】・第7条【禁止行為に係る報告、勧告等】）、第6章【罰則】などの規定は、公布の日から起算して1年を超えない範囲内において政令で定める日

（2023年4月1日）に施行されました（附則第1条第2号）。

さらに、法律本体の施行に合わせて、第15条「命令」に当たる3本の内閣府令（①消費者契約法施行規則の一部を改正する内閣府令、②独立行政法人国民生活センター法施行規則の一部を改正する内閣府令、③独立行政法人国民生活センターの業務運営、財務及び会計並びに人事管理に関する内閣府令の一部を改正する内閣府令）が公布、施行されています。

施行後2年以内の「見直し」

附則第5条は「検討」という見出しで、施行後2年を目途として法律の見直しを行うことを定めています。

附則第5条【検討】　政府は、この法律の施行後2年を目途として、この法律の規定の状況及び経済社会情勢の変化を勘案し、この法律の規定について検討を加え、その結果に基づいて必要な措置を講ずるものとする。

内閣提出の原案では「施行後3年」とされていましたが、衆議院段階の修正によって「2年」に短縮されました。

その趣旨は、法律の見直しを迅速かつ適時に(できるだけ早期に)見直すことであり、政府は法律を執行する体制を整備することと並行し、運用上の課題を把握することが不可欠となります。本書第7章で掲げた項目、特に衆参委員会附帯決議に示された事項(セクション36)が主な検討テーマとなります。

SECTION 06

「法人等」「寄附」の意義

ポイント

「法人等」とは、法人格を有する団体（通常の法人）のほか、権利能力のない社団・財団も含まれます。また、法人の役職員、使用者による勧誘行為は、その効果が法人に帰属するものとして、「法人等」によるものに含まれます。「寄附」には、契約または単独行為に当たるものがあります。

不当寄附勧誘防止法第1条は、法律の目的を次のように定めています。条文中の「法人等」が何を指すかが重要です。

第1条【目的】　この法律は、法人等（法人又は法人でない社団若しくは財団で代表者若しくは管理人の定めがあるものをいう。以下同じ。）による不当な寄附の勧誘を禁止するとともに、当該勧誘を行う法人等に対する行政上の措置を定めることにより、消費者契約法(平成12年法律第61号)とあいまって、法人等からの寄附の勧誘を受ける者の保護を図ることを目的とする。

「法人等」の意義

第1条が定める「法人等」とは、「法人又は法人でない社団若しくは財団で代表者若しくは管理人の定めがあるもの」をいいます。法人には、宗教法人、社会福祉法人、学校法人、社団法人(営利・非営利)、財団法人、NPO法人などが含まれます。法人ではない(団体としての権利能力がない)社団、財団で、代表者、管理人の定めがあるものとしては、例えば、宗教団体の信者のみで任意に構成される会などが該当します。

「法人等」の役員、職員、使用者が個人の名で勧誘を行う場合であっても、一般的には「法人等」による行為と見なされます。また、勧誘者が入れ替わり立ち替わりとなっても、同一の「法人等」の勧誘行為と評価されます。「法人等」と委任や雇用関係がない者(個人)が当該法人等への寄附の勧誘行為を行った場合においても、「法人等」と当該勧誘者との間に明示または黙示の契約があるなど使用人と同等程度の関係性がある場合には、その実態に合わせて「法人等」の行為と評価される場合があります。なお、

第1条の最後は「法人等からの寄附の勧誘を受ける者の保護を図ることを目的とする」とあります。「保護」とあって、「救済」とは書かれていない点に注意が必要です。

個人間の「寄附」は含まれない

「法人等」による寄附の勧誘、募集とみなされない、純粋な個人間の寄附(金銭等の授受)は、本法の対象とはなりません。個人の不当な寄附勧誘行為によって被害が生じた場合には、民法(錯誤・詐欺による取消し、不法行為による損害賠償請求など)、刑法(詐欺罪など)の規定で対処すべきこととなります。

契約・単独行為による寄附

第2条は「寄附」の定義規定です。

第2条【定義】 この法律において「寄附」とは、次に掲げるものをいう。
一 個人(事業のために契約の当事者となる場合又は単独行為をする場合におけるものを除く。以下同じ。)と法人等との間で締結される次に掲げる契約

イ　当該個人が当該法人等に対し無償で財産に関する権利を移転することを内容とする契約（当該財産又はこれと種類、品質及び数量の同じものを返還することを約するものを除く。ロにおいて同じ。）
ロ　当該個人が当該法人等に対し当該法人等以外の第三者に無償で当該個人の財産に関する権利を移転することを委託することを内容とする契約
二　個人が法人等に対し無償で財産上の利益を供与する単独行為

第2条では、「契約」「単独行為」という用語が出てきます。その違いを簡単に説明すると、「契約」とは、本人と相手方の意思表示が合致して成立し、法律上の効果が生ずるもの、「単独行為」とは、本人の一方的な意思表示で成立し、法律上の効果が生ずるもの、を指します。「契約」は二人以上で成立し、「単独行為」は表意者一人で成立します（ここでは単純に、意思表示が二つ向き合っているもの、一つのものという区別をしていただいて構いません）。例えば、売買契約であれば、売主の「売ります」という意思表示と買主の「買います」という意思表示が合致して、成立します。

第2条第1号イは、「当該法人等に対し、無償で財産に関する権利を移転することを内容とする契約」を定めています。一般的に、「法人等」が寄附に関する申込みの意思表示を行い（何月何日までに○×万円の寄附をお願いします、といった内容）、個人がその申込みに対し、承諾の意思表示を行う場合です。ただし、かっこ書きで示されるとおり「当該財産又はこれと種類、品質及び数量の同じものを返還することを約するもの」は、寄附には該当しません。

第2条第1号ロは、「当該法人等以外の第三者に無償で当該個人の財産に関する権利を移転することを当該法人等に委託することを内容とする契約」を定めています。第三者とは、「当該法人等以外の」個人、団体を指します。第2条第2号は、「単独行為」による寄附を定めています。寄附勧誘を受けた個人が、勧誘した法人等に対する債権を放棄することなどが該当します。なお、法律としての建付けの問題ですが、第2条は「寄附」のみを対象とし、基本的に売買契約の形式を取る「霊感商法」等は含まれません。別に、消費者契約法の適用可能性が問題となります。

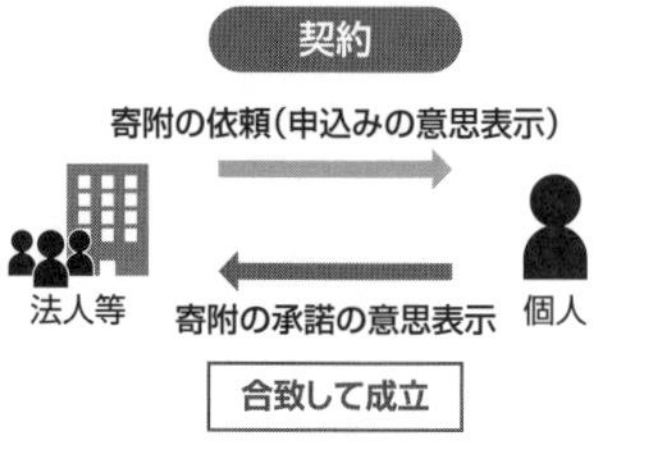

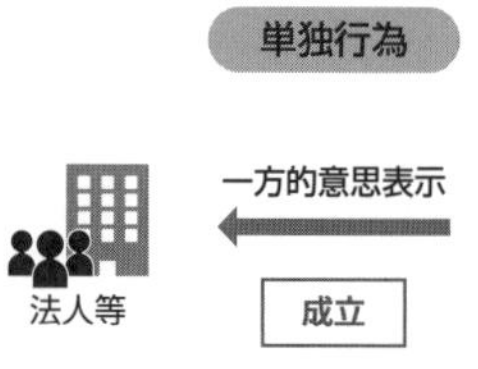

売買を偽装した寄附

もっとも、第2条の「寄附」に該当させない（本法の適用を免れる）ことを意図して、売価と原価（対価性）が著しく不釣り合いな物品を個人に購入させるなど、寄附勧誘と財産移転が「脱法的」に行われる例にあっては、その個別具体のケースに従い、「寄附」に該当すると認められる場合があります。もちろん、財産的に価値が無いものを「高額」なものと告げて財産を移転させれば、詐欺に該当します。

各号の例

第1号イ	贈与、信託的譲渡
第1号ロ	準委任
第2号	債務免除、遺贈

寄附文化を萎縮させないための配慮

第12条は、本法の運用上の配慮を定めています。

> 第12条【運用上の配慮】　この法律の運用に当たっては、法人等の活動において寄附が果たす役割の重要性に留意しつつ、個人及び法人等の学問の自由、信教の自由及び政治活動の自由に十分配慮しなければならない。

適法、正当な勧誘行為によって、意思表示に瑕疵がなく、純粋な信仰心等に基づいてなされた寄附は、当然有効です。立法政策上、無効を議論する余地はありませんが、第12条は、本法が「法人等」を主体とする寄附勧誘を広く一般的に規律するものであることから（第1条）、必ずしも日本社会に定着していない寄附文化をいっそう弱めることにならないか、という立法者の懸念が反映した内容となっています。また、日常の正当な活動において、寄附（遺贈などを含む）を受けている団体からも、寄附を受けることが困難になるのではないか、故人による遺贈寄附をその家族が取り消す風潮が生まれるのではないか、といった懸念が示されています。

この点本法は、「法人等」に対する配慮義務（第3条）、禁止行為（第4条）を定めていますが、社会的に真っ当な活動を行っている団体による通常の寄附勧誘が、配慮義務違反や禁止行為に抵触すること自体、極めて特異なことです。むしろ、本法によって、不当な寄附勧誘が防止されることで、寄附勧誘に対する社会的な安心感、期待感が高まる、といった効果が期待されています。第12条は、配慮すべき憲法上の人権として「学問の自由」「政治活動の自由」「信教の自由」を挙げています。この点、福祉分野など活動の上でいずれにも該当しない「法人等」が存在する点には注意が必要です。

個人による寄附の現状

第12条に関連し、個人による寄附の現状を見ておきましょう。

内閣府が2023年9月に公表した「市民の社会貢献に関する実態調査報告書」（2022年度）によると、2021年の一年間で「寄附をしたことがある」と回答した割合は35・3％（3168人中1117人）となっています。前回調査（2018年分）は41・3％で6ポイント減少していますが、新型コロナウイルス感染症のまん延による家計経済の変化が原因の一つと考えられます。

寄附をした相手先と割合

寄附の相手先（多い順）	回答割合
赤い羽根（共同募金会）	33.2%
日本赤十字社	25.2%
ふるさと納税（自治体）	21.8%
町内会・自治会	21.5%
NPO法人	16.0%
青い羽根・緑の羽根	10.5%
その他の非営利法人	10.3%
社会福祉法人（赤い羽根を除く）	8.6%
公益法人（社団・財団）	7.6%
どこに寄附したかわからない	7.5%
政治団体・宗教法人	5.0%
学校法人	4.6%
その他	15.1%

（出典）内閣府「市民の社会貢献に関する実態調査報告書」（2022年度）を元に、筆者作成。

SECTION 07

寄附者への配慮義務

ポイント

第３条各号の定めにより、法人等が個人に対して「十分に配慮」すべき義務の内容はいずれも、「勧誘によってもたらされる、結果としての個人の状態」を広く含みます。配慮義務を広く定めることで、裁判上の不法行為の認定、それに基づく損害賠償の請求を容易にする効果が見込めます。また、配慮義務違反に対しては、一定の行政措置が講ぜられます。

不当寄附勧誘防止法第３条【配慮義務】は、次のように規定しています。

第３条【配慮義務】　法人等は、寄附の勧誘を行うに当たっては、次に掲げる事項に十分に配慮しなければならない。

一　寄附の勧誘が個人の自由な意思を抑圧し、その勧誘を受ける個人が寄附をするか否かについて適切な判断をすることが困難な状態に陥ることがないようにすること。

二　寄附により、個人又はその配偶者若しくは親族（当該個人が民法（明治29年法律第89号）第877条から第880条までの規定により扶養の義務を負う者に限る。第5条において同じ。）の生活の維持を困難にすることがないようにすること。

三　寄附の勧誘を受ける個人に対し、当該寄附の勧誘を行う法人等を特定するに足りる事項を明らかにするとともに、寄附される財産の使途について誤認させるおそれがないようにすること。

配慮義務の内容

まず、第3条の柱書から見ていきましょう。

「寄附の勧誘を行うに当たって」とは、時間的な概念（いつから、いつまで）を含まず、より一般的に寄附を勧誘する場合に、という意味です。この点に限っては事実上の遡及効（過去に遡っての法律の適用）の判断としてプラスに作用する可能性があり、裁判における法人等の不法行為の認定に役立ち、損害賠償請求が容易になるというメリットがあります。

「十分に配慮」とは、通常の配慮よりも重い義務が課されている意味です。「十分に」は、衆議院側の修正で追加された文言です。

次に、各号の内容です。

第1号は、個人をいわゆるマインドコントロール下に置かないことを指します。「自由な意思を抑圧する」とは、長期間に及ぶものでなくても、これに該当します。「適切な判断をすることが困難な状態に陥ることがないようにする」とは、「困惑」(第4条)よりも広い状態を定めています(「困惑」の意義に関しては、セクション08で解説します)。

第2号は、個人の生活の維持を困難にしてはならないことです。本人だけでなく、その配偶者、親族を含みます。金銭の借入れをしてまで寄附を要求する行為は、配慮義務違反に該当します。「生活の維持が困難に」なるかどうかは、個々の生活の程度によって異なります。また、「配偶者」とは、条文上は法律婚を指しますが、個々の事情を踏まえて、事実上婚姻と同様の関係のある者にも類推適用されると解されます。

第3号は、特定事項を明示することと、使途誤認がないようにすることとです（正体隠しの防止）。寄附の目的と実際の使途がおよそ異なる場合、寄附金の帰属先を偽る場合は、「誤認」に当たります。この点、例えば、被災者支援のための寄附を当該法人の必要経費に当てることは許容されるといえますが、何を以て法人等の必要経費と捉えるか、社会通念上その幅が広く、寄附者に対して事前の説明を尽くすことが不可欠となります。

「法人等」が第3条の配慮義務に違反した場合、内閣総理大臣による報告徴収、勧告、公表が行われることがあります（第6条）。

禁止行為とはしなかった理由

勧誘者（法人等）に課せられた配慮義務の内容を成す第1号から第3号までは、「勧誘によってもたらされる、結果としての個人の状態」を広く含むものです。救済二法（案）の審査では、より厳しく「禁止行為とすべき」との意見も示されました。

しかし、「罰則」に結び付く禁止行為とするには、その構成要件として漠然としており、条文化に馴染むものではなく、むしろ「結果としての個人の状態」に着目して配慮義務違反を広く認定し、損害賠償請求を容易にする方が裁判実務上も優れている、との政策判断に拠ったものです（着目すべきは、行為ではなく結果である）。

配慮義務を定める類似の法律の例としては、労働安全衛生法第3条第3項【事業者等の責務】、第62条【中高年齢者等についての配慮】などがあります。

SECTION 08

禁止される勧誘行為

ポイント

第4条は、法人等が寄附を勧誘するに際して禁止される「6つの類型」を定めています。特に、相手方に対して不安をあおったり、すでに抱いている不安に乗じて勧誘を行う類型が禁止されたことが重要です(第6号)。禁止行為は、取消しの対象となります。また、行政措置(報告徴収、勧告、命令、公表)のほか、罰則の対象となります。

第3条は、勧誘者である法人等が被勧誘者に対して負う配慮義務を定める一方、第4条は、被勧誘者である個人に対する禁止行為を定めています。内容(要件、効果)の違いを押さえておきましょう。

第4条【寄附の勧誘に関する禁止行為】 法人等は、寄附の勧誘をするに際し、次に掲げる行為をして寄附の勧誘を受ける個人を困惑させてはならない。

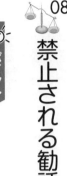

一　当該法人に対し、当該個人が、その住居又はその業務を行っている場所から退去すべき旨の意思を示したにもかかわらず、それらの場所から退去しないこと。

二　当該法人等が当該寄附の勧誘をしている場所から当該個人が退去する旨の意思を示したにもかかわらず、その場所から当該個人を退去させないこと。

三　当該個人に対し、当該寄附について勧誘をすることを告げずに、当該個人が任意に退去することが困難な場所であることを知りながら、当該個人をその場所に同行し、その場所において当該寄附の勧誘をすること。

四　当該個人が当該寄附の勧誘を受けている場所において、当該個人が当該寄附をするか否かについて相談を行うために電話その他の内閣府令で定める方法によって当該法人等以外の者と連絡する旨の意思を示したにもかかわらず、威迫する言動を交えて、当該個人が当該方法によって連絡することを妨げること。

五　当該個人が、社会生活上の経験が乏しいことから、当該寄附の勧誘を行う者に対して恋愛感情その他の好意の感情を抱き、かつ、当該勧誘を行う者も当該個人に対して同様の感情を抱いているものと誤信していることを知りながら、これに乗じ、当該寄附をしなければ当該勧誘を行う者との関係が破綻することになる旨を告げること。

六 当該個人に対し、霊感その他の合理的に実証することが困難な特別な能力による知見として、当該個人又はその親族の生命、身体、財産その他の重要な事項について、そのままでは現在生じ、若しくは将来生じ得る重大な不利益を回避することができないとの不安をあおり、又はそのような不安を抱いていることに乗じて、その重大な不利益を回避するためには、当該寄附をすることが必要不可欠である旨を告げること。

「際し」は、時間的に長い幅がある

第4条柱書の「際し」とは、法人等が個人に最初に接触し、個人が寄附をするまでの間、という意味です。用語として時間的な幅があります。個別の判断となりますが、最初の接触から寄附まで、数か月、数年の間があっても、「際し」に含まれます。また、最初の接触において、法人等がその正体を隠していた場合も当たります。

各号が定める禁止類型

第1号は「不退去類型」、第2号は「退去困難類型」、第3号は「同行類型」です。第3号は第2号と似ていますが、勧誘する場所が異なる類型です。

第4号は「連絡妨害類型」です。「その他の内閣府令で定める方法」とは、「電子メールその他のその受信をする者を特定して情報を伝達するために用いられる電気通信を送信する方法」を指します（不当寄附勧誘防止法第4条第4号の内閣府令で定める方法を定める内閣府令）。LINEなどが該当します。

第5号は「恋愛感情類型」です。いわゆるデート商法対策として、2018年6月の消費者契約法の改正で同法に追加された規定（同法第4条第3項第6号）に倣ったものです。

実効性が問われる第6号類型

第6号は「霊感により不安をあおり、乗じる類型」です。典型的なのは、「父親の病気を治すためには、先祖の除霊を行う必要がある」などと告げ、寄附の勧誘を行い、困惑させるケースです。

「不安」は、法人等が新たに作出するものでなくても、個人がすでに抱いているものも該当します。「不安に乗じて」とは、①過去に教義を教え込むなど、寄附とは切り離して不安をあおったり、②あおった不安を個人がその後も抱き続けている場合、これに乗じる行為、③当該法人等が直接起こした不安でなくても、個人がそのような不安を抱いていることを聞き出して、それを知りながらこれに乗じる行為、④過去に不安をあおられたことによって生じた不安をその後も抱き続けている者に対して、そうと知りながらこれに生じて複数回にわたって寄附を勧誘する場合、を広く含みます。個々の寄附を勧誘する時点において、不安をあおらなかったとしても、全体として「不安を抱いていることに乗じて」と評価できる場合があります。

「必要不可欠」の判断基準

「必要不可欠」とは、「他に選択肢がない状況」と置き換えることができます。勧誘の際に「必要不可欠」とまで告げる必要はなく、これと同等の必要性、切迫性が示されればこれに当たります。その行為態様としては、言葉によって「告げる」だけでなく、身振り手振りによって示すことも含まれます。また、選択肢が一つではなく、同時に複数の選択肢を示すこともあります。例えば、1千万円の現金寄附、1千万の壺の購入を被勧誘者に選択させる場合です。

単に「必要」とせず、「必要不可欠」と明記されたのは、他の類型(第1号から第5号まで)の厳格な規定ぶりとの整合を図りつつ、ごく一般的な「厄払い」や「交通安全祈願」までが含まれてしまう不都合を避けるためです。これらは、「不安をあおる」ことはなくても、「不安に乗じる」ことは皆無とは言い切れません。

「困惑」とは何を指すのか

第4条柱書の「困惑」とは、「困り、戸惑い、どうしてよいか分からなくなるような、精神的に自由な判断ができない状況(畏怖を含む広い概念)」を指します。消費者契約法にも出てくる用語ですが(第1条、第4条第3項)、同じ趣旨です。宗教に倣えば、純粋な信仰心が混在している心理状態もあり得ます。また、入信当初は、自らの責任感、義務感で寄附を行っていても、いわゆるマインドコントロールが解けて、「困惑」に当たるものと後から気付くケースも想定されます。もっとも、寄附をした後に「金額が多かった」と気付くことは、ただちに本条の「困惑」には結びつきません。

SECTION 09

借入れ等の要求禁止

ポイント

第5条は、法人等が個人に対して、金銭の借入れや財産の処分による資金調達の要求をすることを禁止しています。寄附に対する「間接的な上限規制」を定めたものとも解されます。

第4条は、寄附の勧誘をするに際して禁止される行為を定めていますが（6つの禁止類型）、第5条は別に、借入れや財産の処分による資金調達の要求を禁止しています。処分（第5条柱書）には、売却のほか、債権の担保のために抵当権を設定する行為が含まれます。

第5条【借入れ等による資金調達の要求の禁止】 法人等は、寄附の勧誘をするに際し、寄附の勧誘を受ける個人に対し、借入れにより、又は次に掲げる財産を処分することにより、寄附をするための資金を調達することを要求してはならない。
一　当該個人又はその配偶者若しくは親族が現に居住の用に供している建物又はその敷地
二　現に当該個人が営む事業（その継続が当該個人又はその配偶者若しくは親族の生活の維持に欠くことのできないものに限る。）の用に供している土地若しくは土地の上に存する権利又は建物その他の減価償却資産（所得税法（昭和40年法律第33号）第2条第1項第19号に規定する減価償却資産をいう。）であって、当該事業の継続に欠くことのできないもの（前号に掲げるものを除く。）

処分が禁止される財産として、個人等が「現に居住の用に供している建物、敷地」（第1号）、「個人が営む事業の用に供している土地等」（第2号）が挙げられています。

この点、処分によらない「現物」の寄附が本条の規制の抜け道になるとの懸念もありますが、例えば、高齢者が生前に世話になった施設（社会福祉法人）に居住用の建物を寄附をするという事例もあり、法律で一律に禁ずることは適当でないと考えられています。もっとも、当該建物に家族が同居し、その生活の維持を困難にするような場合には、第3条第2号の事由に該当し、配慮義務違反となります。

また、財産的価値を有するものとして、生命保険契約の解除の要求を禁止すべきとの意見もみられますが、前記と同様、配慮義務違反の問題となります。個人等の生活の維持に重要なものもあれば、重要とはいえないものもあるため、明文で禁止行為と定めることは見送られています。

SECTION 10

寄附の意思表示の取消し

ポイント

法人等が第４条各号の禁止行為をし、個人が困惑し、寄附をした場合には、その意思表示を取り消すことができます。取消しの効果として、寄附の契約、単独行為は無効（初めから無かったこと）になります。取消権は、追認ができる時から1年間、寄附の意思表示をした時から5年で、時効により消滅します。

第８条は、法人等が第４条各号の禁止行為をし、個人が困惑し、寄附の意思表示をした場合には、取り消すことができる旨を定めています。

第８条【寄附の意思表示の取消し】

① 個人は、法人等が寄附の勧誘をするに際し、当該個人に対して第４条各号に掲げる行為をしたことにより困惑し、それによって寄附に係る契約の申込み若し

くはその承諾の意思表示又は単独行為をする旨の意思表示（以下「寄附の意思表示」と総称する。）をしたときは、当該寄附の意思表示（当該寄附が消費者契約（消費者契約法第2条第3項に規定する消費者契約をいう。第10条第1項第2号において同じ。）に該当する場合における当該消費者契約の申込み又はその承諾の意思表示を除く。次項及び次条において同じ。）を取り消すことができる。

② 前項の規定による寄附の意思表示の取消しは、これをもって善意でかつ過失がない第三者に対抗することができない。

③ 前2項の規定は、法人等が第三者に対し、当該法人等と個人との間における寄附について媒介をすることの委託（以下この項において単に「委託」という。）をし、当該委託を受けた第三者（その第三者から委託（二以上の段階にわたる委託を含む。）を受けた者を含む。次項において「受託者等」という。）が個人に対して第1項に規定する行為をした場合について準用する。

④ 寄附に係る個人の代理人（復代理人（二以上の段階にわたり復代理人として選任された者を含む。以下この項において同じ。）、法人等の代理人及び受託者等の代理人は、第1項（前項において準用する場合を含む。以下同じ。）

の規定の適用については、それぞれ個人、法人等及び受託者等とみなす。

第1項のかっこ書きで「当該寄附が消費者契約に該当する場合における当該消費者契約の申込み又はその承諾の意思表示を除く」とありますが、消費者契約法の適用がある場合の適用関係の整理（競合の回避）を図ったものです。

第三者の保護

第8条第2項は、寄附をした個人、寄附を受けた法人等とは別の「第三者」を保護する規定です。法人等が第4条各号に掲げる禁止行為をした場合、個人は寄附の意思表示を取り消すことができますが（第1項）、この場合、取り消された行為は、初めから無効であったとみなされるのが民法の立場です（第121条）。しかし、その効果が当事者以外にも広く及んでしまうと、とくに事情を知らず、かつその点について過失がなく取引関係に入った第三者の利益が害され、妥当ではありません。この点に留意し、善意（事情を知らない、の意）・無過失の第三者の保護を図ることとしています（消費者契約法第4条第6項も同様の趣旨を定めています）。

第8条第3項は、法人等から寄附の勧誘の委託を受けた第三者が第4条各号に掲げる禁止行為をし、個人が寄附をしてしまった場合にも第1項、第2項を準用し、取消しができる旨、善意・無過失の第三者が保護される旨を定めています。

返還義務の範囲

取り消された行為は、初めから無効であったとみなされます（民法第121条）。同条第2項により、「現に利益を受けている限度」で返還義務を負います。例えば、「購入した壺を壊してしまった」「購入した経典が見つからない」といった場合であっても、壊れている物、無くした物はそのままで、寄附者として契約の取消しを行うことができます（元の物が返還できないと取り消せない、というわけではありません）。

取消しの意思表示は通常、寄附を行った個人から法人等に対して行います。法人等が取消しに素直に応じればいいですが、応じない場合には、訴訟を提起して、裁判上で取消しを主張することになります。第4条に該当する事実は、取り消す側の個人が主張し、立証しなければなりません。

第9条【取消権の行使期間】 前条第1項の規定による取消権は、追認をすることができる時から1年間（第4条第6号に掲げる行為により困惑したことを理由とする同項の規定による取消権については、3年間）行わないときは、時効によって消滅する。寄附の意思表示をした時から5年（同号に掲げる行為により困惑したことを理由とする同項の規定による取消権については、10年）を経過したときも、同様とする。

取消権は、追認をすることができる時から1年間、寄附の意思表示をした時から5年を経過したとき、時効によって消滅します。いずれか、期限の到来が早い方が判断の基準となります。「追認」とは、無効である行為を有効にすることです。本条の「追認をすることができる時」とは、「困惑から脱した時」を指します。

禁止行為のうち、第4条第6号に掲げる行為による場合は、追認をすることができる時から3年間、寄附の意思表示をした時から10年と、消滅時効の期間が伸長されています。個人差はありますが、いわゆるマインドコントロールから脱するまでに相当な期間を要することに配慮したものです。

SECTION 11

内閣総理大臣による勧告等と罰則

ポイント

内閣総理大臣は、配慮義務の遵守（第3条）、禁止行為（第4条、第5条）に関して、法人等に対して勧告などの行政措置を執ることができます（第6条、第7条）。権限の行使は謙抑的でなければならず、政府（消費者庁）はその基準を予め公表しています（2023年4月17日）。法人等が命令に従わない場合には、罰則の適用があります（第16条～第18条）。

法人等が個人に対して負う配慮義務、禁止行為の各規定の実効性を上げ、被害の予防ないし救済を図るために、内閣総理大臣は勧告などの行政措置を執ることができます。

この点、行政手続法（1993年11月12日法律第88号）第12条第1項は、「行政庁は、処分基準を定め、かつ、これを公にしておくよう努めなければならない」と定めています。この処分基準に関しては、政府答弁で明らかにされたほか、「不当寄附勧誘防止法に基づく消費者庁長官の処分基準等について」（2023年4月17日・消政策第136号）で公表されています。本セクションで併せて確認します。

まず第6条は、第3条違反に関する行政措置を定めています。

第6条【配慮義務の遵守に係る勧告等】
① 内閣総理大臣は、法人等が第3条の規定を遵守していないため、当該法人等から寄附の勧誘を受ける個人の権利の保護に著しい支障が生じていると明らかに認められる場合において、更に同様の支障が生ずるおそれが著しいと認めるときは、当該法人等に対し、遵守すべき事項を示して、これに従うべき旨を勧告することができる。
② 内閣総理大臣は、前項の規定による勧告をした場合において、その勧告を受けた法人等がこれに従わなかったときは、その旨を公表することができる。
③ 内閣総理大臣は、第1項の規定による勧告をするために必要な限度において、

法人等に対し、第3条各号に掲げる事項に係る配慮の状況に関し、必要な報告を求めることができる。

「個人の権利の保護に著しい支障が生じている」（第1項）とは、次の場合が、それぞれ該当します。

㋐法人等による寄附の勧誘を受けている個人が、自由な意思を抑圧されている場合において、その抑圧の程度や期間が著しいときや抑圧状態に置かれている個人が多数に及んでいるとき

㋑個人が法人等への寄附をし始めたことで、その家族の生活レベルが著しく低下して学費や食費にも事欠くような状態が生じているとき

㋒法人等が不特定または多数の個人に対して被災者支援等の公益目的のための寄附であると偽って使途を誤認させ、過度に経済的な負担を生じさせるような寄附の勧誘を行っているとき

「明らかに認められる場合」（第1項）とは、前述の著しい支障が生じていることを

客観的に認めることができる場合のことです。例えば、法人等の勧誘行為について、配慮義務違反を認定して不法行為責任を認めた判決が存在する場合です。必ずしも確定判決である必要はありません。

「更に同様の支障が生ずるおそれが著しいと認めるとき」（第1項）とは、過去にその支障が生じていたが、すでに勧誘のあり方が見直され、今後は改善が見込まれるような場合ではなく、今後も配慮義務違反の状態が改善される見込みが薄く、このまま放置すると同様の支障が生じ続けることが認められる場合、を指します。

「遵守すべき事項」（第1項）として想定されているのは、次の例です。

⑴ 威迫的、威圧的な勧誘や閉鎖的な環境での長時間にわたる勧誘を避けて、個人が寄附をするか否かを自由な意思に基づいて判断することができる状況を確保すること。

⑵ 個人ごとに寄附の類型額を把握して、過度な寄附勧誘とならないように留意すること。また、相当程度高額な寄附額に至った場合には、改めて寄附者に意向を確認して、生活の維持に支障が生じる事態になっていないかを確認すること。

⑶　勧誘に際して、書面によって法人等の名称や所在地及び寄附の使途を明らかにすること。

行政裁量がある「公表」

内閣総理大臣は、第1項の規定による勧告をした場合において、その勧告を受けた法人等がこれに従わなかったときは、その旨を公表することができます（第2項）。公表するかどうか、一定の行政裁量があります。

公表するかどうかは、①法人等が第3条の規定を遵守していない場合の悪質さ、②そのために当該法人が寄附の勧誘を受ける個人の権利の保護について生じている支障の程度、③更に同様の支障が生じるおそれの程度、④勧告に対する遵守の程度、などの要素を総合的に判断して行われます。

報告徴収が行われる要件

「必要な報告を求める」（第3項）とする報告徴収は、第1項の勧告をするために必要な限度において、法人等に対して、第3条各号に掲げる事項に係る配慮の状況に関して行われます。第1項に関する要件がすべて満たされている場合です。

禁止行為違反に対する行政措置

第7条は、禁止行為に係る報告徴収、勧告等を定めています。条文の建付け上、第6条と異なる部分があります。

第7条【禁止行為に係る報告、勧告等】

① 内閣総理大臣は、第4条及び第5条の規定の施行に関し特に必要と認めるときは、その必要の限度において、法人等に対し、寄附の勧誘に関する業務の状況に関し、必要な報告を求めることができる。

② 内閣総理大臣は、法人等が不特定又は多数の個人に対して第4条又は第5条の規定に違反する行為をしていると認められる場合において、引き続き当該行為をするおそれが著しいと認めるときは、当該法人等に対し、当該行為の停止その他の必要な措置をとるべき旨の勧告をすることができる。

③ 内閣総理大臣は、前項の規定による勧告を受けた法人等が、正当な理由がなくてその勧告に係る措置をとるべきことを命ずることができる。

④ 内閣総理大臣は、前項の規定による命令をしたときは、その旨を公表しなけ

れば**ならない**。

「第4条及び第5条の規定の施行に関し特に必要と認めるとき」（第1項）とは、例えば、禁止行為が不特定または多数の者に対して繰り返し、組織的に行われており、社会的な影響が大きいと考えられる場合、などが該当します。

なお、第1項には「必要」の語が三度出てきており、やや解釈しづらい面がある点を指摘しておきます（他に、船員保険法（1939年4月6日法律第73号）第143条の3第1項の例があるに限られます）。

「勧告」（第2項）は、法人等が不特定または多数の個人に対して第4条または第5条の規定に違反している行為をしていると認められる場合に、引き続き当該違反行為をするおそれが著しいと認めるとき、当該法人等に対し、第7条第1項の規定による報告徴収等によって明らかになった組織性、悪質性、禁止行為が将来にわたって継続する蓋然性などを総合的に考慮して行われます。

「必要な措置」（第2項）は、事例ごとに判断されることになります。「民事不介入の原則」があり、返金手続きを行う旨の行政指導を行うことまでは認められませんが、返金の要求に真摯に応じるように指導することは可能と解されます。宗教上の勧誘が問題となっていれば、勧告などの行政措置が契機となって、当該団体からの脱会を働きかけやすくなるなどのメリットが生まれます。

「命令」（第3項）は、第2項の規定による勧告を受けた法人等が、「正当な理由」がなくてその勧告に係る措置を執らなかったときに当該法人等に対して行われます。「正当な理由」とは、例えば大規模な災害等により連絡を行うことが困難になるなど、例外的な場合に限り認められます。

権限の委任

内閣総理大臣は、消費者庁長官にその権限を委任します（第14条）。実際、勧告などの行政措置は、消費者庁長官が行うことになります。

命令違反に対する罰則など

第16条から第18条まで、罰則を定めています(罰則に関する規定は、2023年4月1日に施行されました)。また、刑法等の一部を改正する法律(2022年6月17日法律第67号)の施行期日(2025年6月1日)の前日までは、「拘禁刑」は「懲役」と読み替えられます。

第16条　第7条第3項の規定による命令に違反したときは、当該違反行為をした者は、1年以下の拘禁刑若しくは100万円以下の罰金に処し、又はこれを併科する。

第17条　第7条第1項の規定による報告をせず、又は虚偽の報告をしたときは、当該違反行為をした者は、50万円以下の罰金に処する。

第18条

①　法人等の代表者若しくは管理人又は法人等の代理人、使用人その他の従業者が、その法人等の業務に関して、前2条の違反行為をしたときは、行為者を罰するほか、その法人等に対しても、各本条の罰金刑を科する。

② 法人でない社団又は財団について前項の規定の適用がある場合には、その代表者又は管理人が、その訴訟行為につき法人でない社団又は財団を代表するほか、法人を被告人又は被疑者とする場合の刑事訴訟に関する法律の規定を準用する。

参照条文・行政手続法
第12条【処分の基準】
① 行政庁は、処分基準を定め、かつ、これを公にしておくよう努めなければならない。
② 行政庁は、処分基準を定めるに当たっては、不利益処分の性質に照らしてできる限り具体的なものとしなければならない。

SECTION 12

家族等による財産の取戻し（債権者代位権の特例）

ポイント

扶養義務を負っている個人が高額な寄附を行う結果、自身はもとより家族にも影響が生じ、往々にして経済的な影響（被害）が波及していきます（例えば、旧統一教会問題をめぐっては、宗教二世ないし信者二世の生活の困窮ぶり、苛烈で厳しい実態が広く知れ渡りました）。寄附した本人が金銭を取り戻そうとしないと、家族の生活はその後苦しくなるばかりです。そこで第10条は、子など自らの扶養権を有する者が、親に代わって寄附の取消しを行い、寄附金の返還を受けることで、「将来の」生活費、学費などに必要な財産を保全することができる手続き（民法の特例）を定めました。

第10条は「扶養義務等に係る定期金債権を保全するための債権者代位権の行使に関する特例」という見出しが付いています。

定期金債権とは、定期的に一定の金銭等の支払いを目的とする債権のことです（民法第168条等）。離婚後の子に関する「毎月の養育費の支払い」が例として挙げやすいので、まずは図で示します。

ＡとＢはかつて婚姻関係にあり、離婚の後、未成年の子Ｃの親権はＢが有しています。離婚の調停条項には「ＡはＢに対し、Ｃが成年に達するまでの間、養育費として毎月○×万円を支払う」といった定めがあり、ＢはＡに対して、Ｃの養育費を受け取る権利を有しています（定期金債権）。養育費に関して、Ｂが債権者、Ａが債務者という法的関係に立っています。期限が到来していない分（将来受け取る養育費）の合計は500万円であるとします（①）。ここでの矢印は、債権者Ｂから債務者Ａへと向いています。

そんな中、宗教Ｄの熱心な信者であるＡは、不当な勧誘を受けたにもかかわらず、将来の生活、養育関係を顧みずに、Ｄに対して1千万円を寄附してしまい、他に財産が無い状態になってしまいました（②・③）。ＡがＤに対して取

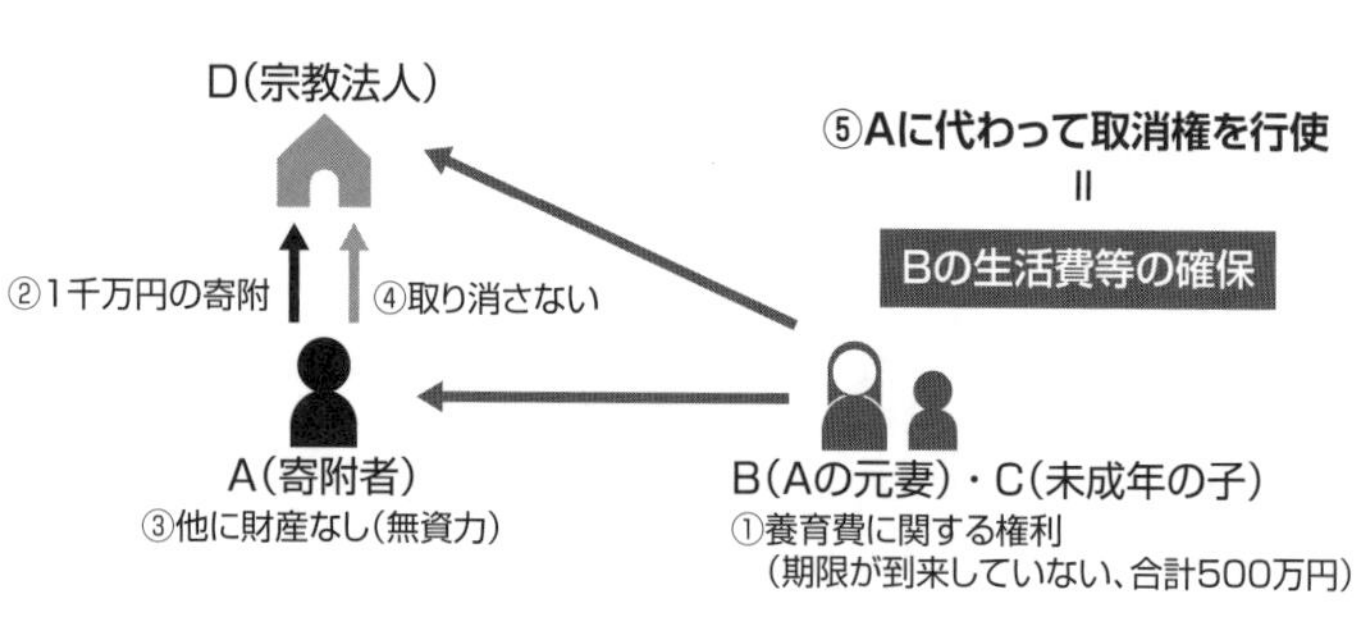

消権を行使し、寄附した分が返還されれば、生活費、学費に充てることができますが、Aはいわゆるマインドコントロール下にあり、しかも寄附をしたことが正しいと思い込んでいるために、取消権を行使せず④、将来の権利行使も期待できません。このままでは、Bに対する養育費の支払いは滞り、生活は困窮してしまいます。

図のような状況において、本来AがDに対して行使すべき取消権をBが代わって行使して、必要な財産を確保(保全)することができれば、Bが受け取るべき将来分の養育費は充足されることになります⑤。

このように、扶養権の将来分について必要な保全の権利を認めるのが、第10条です(債権者代位権の特例)。端的に、「家族等による寄附取戻しの権利」とイメージすれば十分です。条文を改めて確認しましょう。

第10条【扶養義務等に係る定期金債権を保全するための債権者代位権の行使に関する特例】

① 法人等に寄附(金銭の給付を内容とするものに限る。以下この項において同じ。)をした個人の扶養義務等に係る定期金債権の債権者は、民法第423条

第2項本文の規定にかかわらず、当該定期金債権のうち確定期限の到来していない部分を保全するために必要があるときは、当該個人である債務者に属する当該寄附に関する次に掲げる権利を行使することができる。

一　第8条第1項の規定による取消権

二　債務者がした寄附に係る消費者契約の申込み又はその承諾の意思表示に係る消費者契約法第4条第3項（第1から第4号まで、第6号又は第8号に係る部分に限る。）（同法第5条第1項において準用する場合を含む。）の規定による取消権

三　前2号の取消権を行使したことにより生ずる寄附による給付の返還請求権

②　前項（第3号に係る部分に限る。）の場合において、同項の扶養義務等に係る定期金債権のうち確定期限が到来していない部分については、民法第423条の3前段の規定は、適用しない。この場合において、債権者は、当該法人等に当該確定期限が到来していない部分に相当する金額を債務者のために供託させることができる。

③　前項後段の規定により供託をした法人等は、遅滞なく、第1項第3号に掲げる権利を行使した債権者及び債務者に供託の通知をしなければならない。
④　この条において「扶養義務等に係る定期金債権」とは、次に掲げる義務に係る確定期限の定めのある定期金債権をいう。
一　民法第752条の規定による夫婦間の協力及び扶助の義務
二　民法第760条の規定による婚姻から生ずる費用の分担の義務
三　民法第766条(同法第749条、第771条及び第788条において準用する場合を含む。)の規定による子の監護に関する義務
四　民法第877条から第880条までの規定による扶養の義務

「法人等に寄附をした個人」は、前例のAです。「寄附」は、金銭の給付に限られます(第1項かっこ書)。

「扶養義務等に係る定期金債権の債権者」(第1項、第4項)は、夫婦関係、親子関係から生じる扶養義務に係る債権者であり、夫婦の一方、子などが当たります。前例では元妻Bが当たります。

「当該定期金債権のうち確定期限の到来していない部分を保全するために必要があるとき」(第1項)とは、前例において、Aが「無資力」となり、B・Cの将来の生活費、学費等を確保しなければならない状況に至っていることを指します。

債務者の「無資力」は明文にありませんが、元々、債務者の権利を代位行使する範囲は限定的でなければならず、他に資力がある場合には、その部分から支払いを受けるべきことになります。この点に関して、家族の生活の維持を困難にしてはならないという配慮義務(第3条第2号)が定められていることにより、寄附をした個人が「無資力」となる例はありえないのではないかという疑念も生じ得るところですが、他の原因が相まって、無資力に陥るおそれは否定できません。

なお、「確定期限の到来していない部分を保全する」という箇所が、債権者代位権(民法第423条)の「特例」と呼ばれる所以です。民法に定められている通常の債権者代位権は、支払いの期限がすでに「到来している」範囲が対象となります(セクション26)。すなわち、定期金債権として毎月、期限が到来するたびに請求するのは現実的でないため、第10条は、将来分を一括で保全できることとしているのです。

権利行使の対象

「債務者に属する当該寄附に関する次に掲げる権利」（第1項）は、次のとおりです。

・禁止行為（第4条各号）に当たる勧誘によって行った寄附の取消権（第1号）
・消費者契約法第4条第3項の対象となる寄附の取消権（第2号）
・取消しに係る給付の返還請求権（第3号）

第1号から第3号までに定めのない、適法な勧誘の下で行われた寄附は対象となりません。代位の範囲を広く認めると、寄附者個人の財産権、信教の自由を侵害するおそれが高くなります（トレードオフの関係）。

期限未到来の被保全債権の取扱い

第2項（給付の返還請求）で「確定期限が到来していない部分については、民法第423条の3前段の規定は、適用しない」とあります。民法第423条の3前段は「債権者は、被代位権利を行使する場合において、被代位権利が金銭の支払又は動産の引渡しを目的とするものであるときは、相手方に対し、その支払又は引渡しを自己に対してすることを求めることができる」と定めており、この規定の適用が除外されることになります。

その趣旨ですが、前例において債権者Bが代位権を行使する時点では、被保全債権のうち期限が到来していない部分、つまり養育費全額の支払いを受けることができないことを確認する必要があります。この時点で、すでに債権者Bが被代位債権の目的となる全額の支払いを受けることとするのは、法的効果として拡げ過ぎると考えられたため、「民法第423条の3前段の規定を適用しない」(債権者自らに支払わせることはできない)とされているのです。

「供託」の意義

第2項後段は、「債権者は、当該法人等に当該確定期限が到来していない部分に相当する金額を債務者のために供託させることができる」と規定しています。

債権者Bは、寄附による給付の返還請求権を代位行使する場合に、原則として債務者Aに返還を求めることができるにとどまりますが、債務者Aが返還された金銭の受領を拒むおそれがあり、供託（国の供託所が金銭を管理し、還付を受けるシステム）の手続きが不可欠となります。

なお、債務者Ａが供託した金銭の還付を受けることもできますが、いわゆるマインドコントロール下にあっては、供託金の還付を受けて再び寄附してしまうおそれがあります。その結果、債務者Ａの資力がさらに悪化してしまうことが予想されます（これでは元も子もありません）。この場合、債権者Ｂは、強制執行をすることができなくなるおそれがあるとき、または強制執行をするのに著しい困難を生ずるおそれがあるとき、期限未到来の被保全債権（養育費等）を保全するため、前記の還付請求権を「仮差押え」する手段を選択できます（民事保全法（１９８９年12月22日法律第91号）第50条等）。

債権の保全の範囲	根拠条文	方法
履行期が到来している部分	民法第423条の3	自己への支払い
履行期が到来していない部分	不当寄附勧誘防止法第10条第2項	供託、還付

SECTION 13

関係機関による連携と被害者支援

ポイント

第10条が定める債権者代位権（特例）は、扶養権を有する家族が行使することが想定されています。もっとも、子が代位権を行使する場合には、そもそも手続きが難解であったり、「親権の壁」があったり、大きな負担を抱えます。そこで、法テラス等における適切な助言、援助が不可欠となります。

第4章は、「法人等の不当な勧誘により寄附をした者等に対する支援」という見出しで、第11条のみを置いています。

第11条【法人等の不当な勧誘により寄附をした者等に対する支援】　国は、前条第1項各号に掲げる権利を有する者又は同項若しくは民法第423条第1項本文の規定によりこれらの権利を行使することができる者が、その権利の適切な行使により被害の回復等を図ることができるようにするため、日本司法支援センターと関係機関及び関係団体等との連携の強化を図り、利用しやすい相談体制を整備する等必要な支援に関する施策を講ずるよう努めなければならない。

子が代位権を行使する現実的困難さ

セクション12の例では、Aの元妻Bが債権者代位権を行使する場面を想定しました。しかし、想定例としてさらに深刻なのは、未成年の子が自ら、親を訴えるようなケースです。親X・子Yの関係において、子YはXの親権に服しており、Yが裁判において債権者代位権を行使すること等の訴訟行為を行うには、「Xの同意」が必要となります。言うまでもなく、Xが当該宗教の熱心な信者であれば、同意することは考えられず、適切な親権行使が期待できない状況が延々と続いてしまいます。

この場合、子Yが代位権を行使するには、その前提として、①親権の停止(民法第834条の2)、②未成年後見人の選任(同第840条)、③利益が相反するときの特別代理人の選任(同第826条)、といった手続きを執ることが不可欠となります。子Yが手続きを行うには相当の法律知識を要し、費用もかかることから、法テラス等で適切な助言、援助を行う必要があります。

「利用しやすい相談体制」の整備は今後の運用によりますが、場所、方法、時間を柔軟に設定するほか、学校等の連携を十分に図らなければ救済効果が上がりません。相談を待っていては被害を把握し、救済することもできないため、いわゆる「プッシュ型」の体制を構築することも課題です。寄附の取消し、返還請求を行い、取り戻せるまでの間の生活保障も一体的に講ぜられるべきです。

第3章
消費者契約法・国民生活センター法の改正

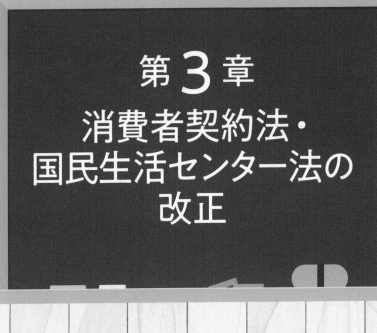

SECTION 14

消費者契約法等改正法の全体構造

ポイント

消費者契約法等改正法は、①消費者契約法の改正、②独立行政法人国民生活センター法の２本の法律改正を柱としています。２０２２年12月16日に公布され（法律第99号）、２０２３年１月５日に施行されました。取消しの対象となる契約に関して、「霊感等による知見を用いた告知」の要件の改正などが行われています。

消費者契約法等改正法の全体構造に触れる前に、消費者契約法、独立行政法人国民生活センター法のそれぞれについて、概要を解説しておきます。

まず、消費者契約法（２０００年５月12日法律第61号、２００１年４月１日施行）についてです。消費者契約法において、「消費者」とは「個人（事業として又は事業のために契約の当事者となる場合におけるものを除く。）」をいい（第２条第１項）、「事業者」とは「法人その他の団体及び事業として又は事業のために契約の当事者となる場合における個人」(第2条第2項)をいいます。そして「消費者契約」とは、「消費者と事業者との間で締結される契約」をいいます(第2条第3項)。主に、個人が事業者からモノを買う日常の場面が想定されますが、セミナー等への参加、イベント等への出演など「個人対事業者」の関係で締結される契約を広く含みます。

消費者契約においては元々、個人と事業者との間に情報の質、量、交渉力に較差があります。個人が契約上の不利益を被った場合、セクション25で解説する民法上の錯誤、詐欺の主張、立証をして取り消すことも可能ですが、負担が掛かります。そこで、消費者の利益を守るための新たな民事ルールとして制定されたのが消費者契約法です。消費者契約について、不当な勧誘による契約の「取消し」と不当な契約条項の「無効」などを規定しています。消費者契約法はさらに、適格消費者団体(不特定かつ多数の消費者の利益を擁護するために差止請求権を行使するために必要な適格性を有する団体として認定を受けた法人)が、消費者被害の予防等を図るため、事業

者に対し差止請求等ができる規定を置いています。全体の概要は、表のとおりです。

消費者契約法の概要

不当な勧誘 → 契約の**取消し**（第4条～第7条）	不当な契約条項 → 契約は**無効**（第8条～第10条）
・不実告知（第4条第1項第1号） ・断定的判断の提供（同第2号） ・不利益事実の不告知（第4条第2項） ・不退去（第4条第3項第1号） ・退去妨害（同第2号） ・退去困難な場所への連行（同第3号） ・相談連絡の妨害（同第4号） ・不安をあおる告知（同第5号） ・恋愛感情等に乗じた人間関係の濫用（同第6号） ・加齢等による判断力の低下の不当な利用（同第7号） ・霊感等による知見を用いた告知（同第8号） ・契約実施前に債務の内容を実施等（同第9号、第10号） ・過量契約（第4条第4項）	・事業者の損害賠償責任を免除する条項、または事業者が自らの責任を自ら決める条項（第8条） ・消費者の解除権を放棄させる条項、または事業者が解除権の有無を自ら決める条項（第8条の2） ・消費者の後見等を理由とする解除条項（第8条の3） ・消費者が支払う損害賠償の額を予定する条項等（第9条） ・消費者の利益を一方的に害する条項（第10条）

適格消費者団体による**差止請求**（第12条～第40条）
・内閣総理大臣の認定を受けた適格消費者団体（不特定かつ多数の消費者の利益を擁護するために差止請求権を行使するために必要な適格性を有する団体として認定を受けた法人）は、消費者被害の未然防止、拡大防止を図る観点から、事業者の不当な行為に対し、差止請求が可能。

次に、独立行政法人国民生活センター法（2002年12月4日公布、同日施行）ですが、同センターは1970年10月に特殊法人として発足し、2003年10月に独立行政法人に移行しています。国や全国の消費生活センター等との連携で、情報の収集・提供、商品テスト、和解の仲介等を行っています。

消費者契約法等改正法の概要

今回は、消費者契約法、独立行政法人国民生活センター法等の改正で、その概要は次のとおりです。最大の柱は、事業者による不当な勧誘の対象の「拡大」、取消権の行使期間の「伸長」です。セクション15以降で解説します。

第1　消費者契約法の一部改正

一　第4条第3項第8号の規定において掲げる行為（当該行為によって消費者が困惑して意思表示をしたときは取消しが認められることとなる行為）に関する改正

当該消費者に対し、霊感その他の合理的に実証することが困難な特別な能力による知見として、当該消費者又はその親族の生命、身体、財産その他の重要な事項について、そのままでは現在生じ、若しくは将来生じ得る重大な不利益を回避することができないとの不安をあおり、又はそのような不安を抱いていることに乗じて、その重大な不利益を回避するためには、当該消費者契約を締結することが必要不可欠である旨を告げるものとすること。（第4条第3項第8号関係）

二　取消権の行使期間の伸長

第4条第3項第8号に係る取消権については、追認をすることができる時から1年間行わないとき、また、消費者契約の締結の時から5年を経過したときは時効によって消滅するとされているところ、当該期間について、1年間を3年間に、また、5年を10年に伸長するものとすること。（第7条第1項関係）

三　適格消費者団体への協力に関する改正

独立行政法人国民生活センター及び地方公共団体は、適格消費者団体の求めに応じ、当該適格消費者団体が差止請求権を適切に行使するために必要な限度において、当該適格消費者団体に対し、消費者紛争に関する情報を提供することができるものとすること。（第40条第1項関係）

第2　独立行政法人国民生活センター法の一部改正

一　目的の改正

センターが消費者紛争を予防するための活動を支援すること等を追加すること。（第3条関係）

二　業務の追加

センターの業務として、適格消費者団体が行う差止請求関係業務の円滑な実施のために必要な援助を行うことを追加すること。（第10条第6号関係）

三　和解仲介手続及び仲裁の手続の計画的実施

紛争解決委員会は、適正かつ迅速な審理を実現するため、和解仲介手続及び仲裁の手続を計画的に実施しなければならないものとするとともに、当事者は、適正かつ迅速な審理を実現するため、委員会による和解仲介手続及び仲裁の手続の計画的な実施に協力するものとすること。（第23条の2、第32条の2関係）

四　情報の公表
センターは、消費者の生命、身体、財産その他の重要な利益を保護するため特に必要があると認めるときは、消費者紛争の当事者である事業者の名称等を公表することができるものとすること。（第42条第2項関係）

五　その他
その他所要の規定を整備すること。

第3　附則
一　この法律は、公布の日から起算して20日を経過した日から施行するものとすること。（附則第1条関係）
二　この法律の施行に関し必要な経過措置を定めるとともに、この法律の施行状況について検討規定を設けるほか、関係法律について所要の改正を行うこと。（附則第2条から附則第6条まで関係）

※（筆者註）2022年6月改正を踏まえ、第1の「第4条第3項第6号」は「第8号」に改めた。

SECTION 15

霊感告知による勧誘の取消権の拡大

ポイント

消費者契約法第4条第3項は、消費者が取り消すことができる勧誘行為を定めています。第8号【霊感等による知見を用いた告知】は今回の改正により、消費者だけでなくその親族に対して不安をあおったり、不安に乗じて勧誘する行為を含め、その類型が拡大されました。「確実(と告げる)」が「必要不可欠(と告げる)」と、文言が改正された点も重要です。
(※2022年6月改正を踏まえ、第6号を第8号と表記します)

消費者契約法第4条第3項の柱書は、「消費者は、事業者が消費者契約の締結について勧誘をするに際し、当該消費者に対して次に掲げる行為をしたことにより困惑し、それによって当該消費者契約の申込み又はその承諾の意思表示をしたときは、これを取り消すことができる」と定めています。

「次に掲げる行為」として第1号から第10号までの類型が定められていますが、今回は第8号【霊感等による知見を用いた告知】の改正内容が重要です。次表で比較して解説します。

「親族」「将来」も対象に

改正後の第8号は、「当該消費者またはその親族の生命、身体、財産その他の重要な事項」と改められ、親族もその対象に含められました。また「そのままでは現在生じ、もしくは将来生じ得る重大な不利益を回避することができないとの不安をあおり」と、「現在」に加え、「将来」の不安も含められ

改正後(現在)	改正前
⑧ 当該消費者に対し、霊感その他の合理的に実証することが困難な特別な能力による知見として、当該消費者または**その親族**の生命、身体、財産その他の重要な事項について、そのままでは現在生じ、もしくは**将来生じ得る**重大な不利益を回避することができないとの不安をあおり、またはそのような不安を抱いていることに乗じて、その重大な不利益を回避するためには、当該消費者契約を締結することが**必要不可欠**である旨を告げること。	⑧ 当該消費者に対し、霊感その他の合理的に実証することが困難な特別な能力による知見として、そのままでは当該消費者に重大な不利益を与える事態が生ずる旨を示してその不安をあおり、当該消費者契約を締結することに**より確実に**その重大な不利益を回避することができる旨を告げること。

ました。「重大な不利益」とは、病気に罹る、良縁に恵まれない、といった内容です。さらに、「不安を抱いていることに乗じて」という類型も付加されました。セクション10で解説したとおり、この「不安」は事業者が作出したものでなくとも、消費者が元々抱いていたものに乗ずることも含まれます。

「確実」が「必要不可欠」に改正された理由

改正後の第8号は、当該消費者契約を締結することが「確実に」から「必要不可欠」へと文言が改正されました。語感的に違いがよく分からないかもしれませんが、改正された理由があります。それは、「確実に告げる」では、事業者の側に「確実ではない」「確実とまでは言っていない」という反論の術(抜け道)を与えてしまうおそれが大きいからです。この意味で、要件の明確化を図ったといえます。

「必要不可欠」は、セクション08で解説したとおり、その通り告げる必要はなく、同程度の必要性、切迫性を告げれば、これに該当します。重大な不利益を回避するために、「この品物を買わないと、さらなる不幸が訪れますよ」といったニュアンスの告知をする場合です。

SECTION 16

取消権の行使期間の伸長

ポイント

消費者契約法第7条は、取消権の行使期間を定めています。第4条第3項第8号【霊感等による知見を用いた告知】は、追認ができる時から3年間、契約締結の時から10年で消滅時効にかかるとし、その他の類型よりも期間が伸長されました。いわゆるマインドコントロールから抜け出すには、一定の期間を要することなどに配慮したものです。
（※2022年6月改正を踏まえ、第6号を第8号と表記します）

今回の改正により、第7条が定める取消権の行使期間のうち、第4条第3項第8号【霊感等による知見を用いた告知】に関するものが伸長されました。

改正後の第7条は、「第4条第1項から第4項までの規定による取消権は、追認をする時から1年間（同条第3項第8号に係る取消権については、3年間）行わないときは、時効によって消滅する。当該消費者契約の締結の時から5年(同号に係る取消権については、10年)を経過したときも、同様とする」と定めています。いずれか早い方が、時効による権利消滅の基準となります。期間を過ぎると、取消権を行使することはできません。

「追認ができる時」とは、「霊感による困惑から脱した時」を指します。その趣旨ですが、消費者個人がいわゆるマインドコントロールから抜け出すには、一定の期間を要する(それぞれ1年間、5年では短いと考えられる)ことに配慮したものです。

改正後の第7条は、消滅時効が未完成の事例にも適用されます(附則第2条第2項本文)。例えば、霊感告知による消費者契約の締結から11か月が経過した日にマインドコントロールから脱し、契約を取り消そうとする場合には、その後2年1か月間、取消権が行使できることになります。

霊感等による知見を用いた告知	左記以外
追認ができる時から3年間	追認ができる時から1年間
契約締結の時から10年	契約締結の時から5年

民法が定める「5年間・20年」とできない理由

一般的な取消権の期間の制限を定める民法第126条は、「取消権は、追認をすることができる時から5年間行使しないときは、時効によって消滅する。行為の時から20年を経過したときも、同様とする」としています。この規定並みに、改正後の第7条も「5年間・20年」とすれば、被害者救済に資することにはなりますが、民法よりも取消しの対象が広がることとの比較考量において、伸長し過ぎると法的安定性を害するため、このような数値で決着しています。

SECTION 17

消費者紛争の迅速な解決

ポイント
今回の法改正により、国民生活センターの役割強化が図られました。その柱は、①和解仲介、仲裁手続の迅速化、②事業者名の公表、の二点です。

独立行政法人国民生活センター（https://www.kokusen.go.jp/）は、「国民生活の安定及び向上に寄与するため、総合的見地から国民生活に関する情報の提供及び調査研究を行うこと、消費者紛争を予防するための活動を支援すること並びに重要消費者紛争について法による解決のための手続を適正かつ迅速に実施し、及びその利用を容易にすること」を目的とした組織です（センター法第3条）。所管は消費者庁で、所在地は神奈川県相模原市です。

国民生活センターには、紛争解決委員会が置かれており（センター法第11条第1項）、重要消費者紛争の解決のための和解仲介、仲裁の手続の実施などを行っています（第

2項)。15名の委員から組織されています(2023年4月1日現在)。委員は、法律や商品、役務の取引について、専門的な知識、経験を有する者の中から選ばれ、内閣総理大臣の認可を受けて、国民生活センター理事長が任命します。

「多数性」に関わる重要消費者紛争

紛争解決委員会が担う重要消費者紛争とは、「消費者紛争のうち、消費者に生じ、若しくは生ずるおそれのある被害の状況又は事案の性質に照らし、国民生活の安定及び向上を図る上でその解決が全国的に重要であるものとして内閣府令で定めるもの」と定義されています(第1条の2第2項)。前記の内閣府令では、「同種の被害が相当多数の者に及び、又は及ぶおそれがある事件に係る消費者紛争など」(多数性、重大性、複雑性などという3類型)が定められています(センター法施行規則第1条)。

消費者紛争のほとんどは「多数性」に関するもので、消費者契約の締結の勧誘、商品・役務等の広告表示に関して広域的に多数発生し、または発生するおそれのある紛争です。

和解仲介と仲裁

和解仲介、仲裁は、言葉は似ていますが、手続きは少し異なります。

和解仲介は、仲介委員が当事者間の交渉を仲介し、和解を成立させることによって紛争解決を図るものです。仲裁は、仲裁委員が自ら判断を行い、当事者がその仲裁判断に従うことで紛争解決を図るものです。

和解仲介、仲裁の計画的実施

改正後のセンター法には、和解仲介、仲裁に関して次のような規定が加わりました。あわせて、当事者の協力義務も定めています。

紛争解決手続の実施状況(2023年1月現在)

年度	2017	2018	2019	2020	2021	2022
件数	172件	177件	204件	166件	136件	122件

・申請:977件
・手続終了:972件(和解成立637件、和解不成立271、取下げ等64)

(出典)国民生活センター「国民生活センター ADRの実施状況と結果概要について(令和4年度第4回)2023年3月22日 https://www.kokusen.go.jp/pdf/n-20230322_3.pdf

第23条の2【和解仲介手続の計画的実施】
① 委員会は、適正かつ迅速な審理を実現するため、和解仲介手続を計画的に実施しなければならない。
② 当事者は、適正かつ迅速な審理を実現するため、委員会による和解仲介手続の計画的な実施に協力するものとする。
第32条の2【仲裁の手続の計画的実施】
① 委員会は、適正かつ迅速な審理を実現するため、仲裁手続を計画的に実施しなければならない。
② 当事者は、適正かつ迅速な審理を実現するため、委員会による仲裁手続の計画的な実施に協力するものとする。

事業者名の公表

第42条第2項は、情報の収集と公表に関する規定で、「センターは、前項の規定により提供を受けた情報その他収集した消費生活に関する情報を整理し、及び分析し、国民生活の安定及び向上を図るために必要と認める場合には、その結果を公表し、又は関係行政機関に対し、意見を付して当該結果を通知するものとする。この場合において、センターは、消費者の生命、身体、財産その他の重要な利益を保護するため特に必要があると認めるときは、消費者紛争の当事者である事業者の名称その他の内閣府令で定める事項を公表することができる」と定めています。後段の傍線を引いた部分が、今回の改正で追加されたところです（事業者名の公表）。再発防止等の働きかけが強化されます。

「重要な利益を保護するために特に必要があると認めるとき」とは、消費者被害がすでに生じ、また、生じるおそれがある中で、消費者被害の防止の実効性を確保するためには、悪質商法の被害の情報として一般化した形で公表するだけでは被害防止が不十分であって、当該事業者名や消費者被害の態様を含む情報を公表する必要がある場合、を指します。

「その他内閣府令で定める事項」とは、①事業者の商号、名称または氏名、住所及び電話番号並びに法人にあっては代表者の氏名、②事業者がその当事者である消費者紛争の概要、③①②に掲げるもののほか、消費者紛争の予防及び防止に関し参考となる事項、です（センター法施行規則第36条）。

SECTION 18

適格消費者団体への支援

ポイント

消費者契約法等改正法は、センター法の改正に関して、適格消費者団体への支援（強化）も定めました。地域における被害の予防、救済の実効性の向上を図ることが目的です。

センター法第3条は、国民生活センターの目的を「国民生活の安定及び向上に寄与するため、総合的見地から国民生活に関する情報の提供及び調査研究を行うこと、消費者紛争を予防するための活動を支援すること並びに重要消費者紛争について法による解決のための手続を適正かつ迅速に実施し、及びその利用を容易にすること」と定めています。

第10条は、第3条の規定を受けて、国民生活センターの業務を定めています。今回の改正により、同条第6号には、「適格消費者団体が行う差止請求関係業務（消費者契約法第13条第1項に規定する差止請求関係業務をいう。）の円滑な実施のために必要な援助を行うこと」という規定が追加されました。

適格消費者団体とは

消費者被害の防止を目的に、事業者の不当な勧誘、契約条項の使用、表示について中止を求める（差止請求、消費者契約法第12条の2第1項、第13条第1項）ことができる消費者団体として必要な適格性を有するものと、内閣総理大臣の認定を受けた法人です。現在、全国で25団体が認定されています。

差止請求の対象となる事案は、消費者契約法のほか、不当景品類及び不当表示防止法（景品表示法・1962年5月15日法律第134号）、特定商取引に関する法律（1976年6月4日法律第57号）、食品表示法（2013年6月28日法律第70号）に規定されています。

具体例として消費者庁パンフレットに紹介されているものは、①健康食品販売（特定の薬効が期待できると消費者を誤認させる健康食品の広告表示）、②エステサロン（エステティック契約における勧誘場所からの退去妨害と中途解約妨害）、③水道工事（水道工事のクーリングオフ妨害）、④ファンクラブ（支払済みの会費は理由の如何を問わず返還しないなど、ファンクラブの会員規約を予告なく変更できるとする条項）、⑤中古自動車販売（販売者が注文者の注文に応じられないと判断した場合、注文を拒絶されても注文者は異議を述べないものとする旨の契約条項等）、⑥不動産賃貸（建物賃貸借契約における後見開始等を理由とする契約解除）、です。

⑥は特に、賃借人に民法よりも不利な解除条件を定めるもので、かねてより問題となっていましたが、

消費者団体訴訟制度の愛称「COCoLiS」（ココリス）

（出典）消費者庁ウェブサイト　https://www.caa.go.jp/policies/policy/consumer_system/collective_litigation_system/about_system/cocolis/

2018年6月の消費者契約法改正により、そのような契約条項は無効とされました(第8条の3)。

政府は、消費者団体訴訟制度に関して、COCoLiS(ココリス)という愛称を定めています。Consumer Organization Collective Litigation Systemの頭文字を取ったものです。今後も制度の周知、普及が課題です。

適格消費者団体に対する情報の提供

改正後の消費者契約法第40条【適格消費者団体への協力等】第1項は、「独立行政法人国民生活センター法及び地方公共団体は、内閣府令で定めるところにより、適格消費者団体の求めに応じ、当該適格消費者団体が差止請求権を適切に行使するために必要な限度において、当該適格消費者団体に対し、消費生活相談及び消費者紛争に関する情報で内閣府令で定めるものを提供することができる」と定めています。

「消費生活相談及び消費者紛争に関する情報で内閣府令で定めるもの」とは、国民生活センターの消費生活相談に関する情報(消費者契約法施行規則第31条第1号)、国民生活センターの消費者紛争に関する情報(同第2号)、地方公共団体の消費生活相談に関する情報（同第3号）、です。

不当な寄附の勧誘を防止するためには、適格消費者団体の活動の強化、連携が不可欠です。

第4章

野党が提出した救済法案

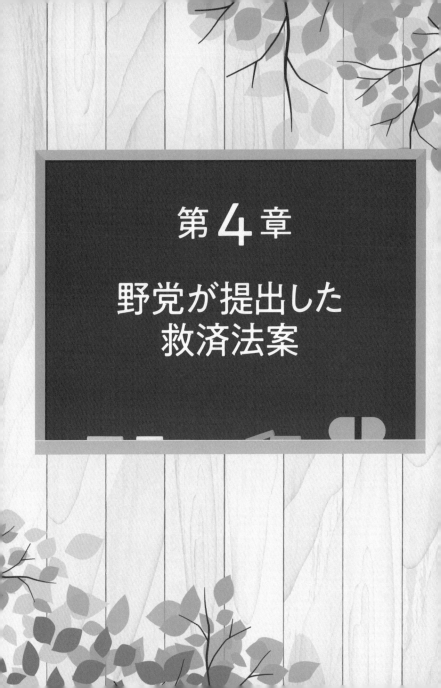

SECTION 19

マインドコントロールの禁止

ポイント

救済二法（案）に先行して提出された立憲・維新案は、いわゆる「マインドコントロール」を禁止していることが特長です。主体が法人であるか個人であるかを問わず、困難状況惹起行為を行い、または困難が惹起された状況を利用して、著しい財産上の損害を生じさせること（特定財産損害誘導行為）を禁止しています。個人の「困惑」が、寄附等の取消しの要件になっていない点も異なります。

第4章（セクション19〜23）では、制定された救済二法との内容比較をするために、野党提出の法律案について解説します。ただし、委員会に法律案が付託されず、審査が行われていない（提出者による趣旨説明、答弁が無い）ため、あくまで条文上での内容比較となります。

旧統一教会問題では、いわゆるマインドコントロール下に置かれた信者が、使命感ないし義務感で寄附（献金）を続けることによる被害の実態が明らかになりました。一度罹ったマインドコントロールを解くのは、決して容易なことではありません。使命感ないし義務感に基づいているために、本人自らが取消権を行使することは期待しえず、この場合の被害をどのように捉え、救済すべきかが難点であり、救済二法（案）を検討する上で、最大の論点と位置づけられてきました。自民党、公明党、立憲民主党および日本維新の会の4党による協議会（2022年10月21日〜11月24日、計9回）で合意形成が円滑に進まなかったのも、この点の困難さが根底に在ったためでした。

マインドコントロールの「禁止」

衆議院会派の立憲民主党・無所属、日本維新の会は2022年10月17日、「特定財産損害行為による被害の防止及び救済等に関する法律案」を共同して衆議院に提出しました（第210回国会衆法第4号）。この立憲・維新案と不当寄附勧誘防止法との枠組みの違いを知ることが有益です。

マインドコントロールにある「心理状態」「内心」を法的に定義付けることは困難で

あることから、不当寄附勧誘防止法、改正消費者契約法、立憲・維新案のいずれにも採用されていません。代わりに規制の対象となる「行為」を定めています。

まず、不当寄附勧誘防止法は、法人等が「十分に配慮しなければならない」事項として、「寄附の勧誘が個人の自由な意思を抑圧し、その勧誘を受ける個人が寄附をするか否かについて適切な判断をすることが困難な状態に陥ることがないようにすること」を挙げていましたが（第3条第1号）、立憲・維新案第2条・第3条は、特定財産損害誘導行為として禁止し、これが法律名にも反映されている点が異なります（表）。

次に、特定財産損害誘導行為とは何かが問題となります。立憲・維新案の第2条、第3条は次のように定めています。

マインドコントロールの規制手段の違い

	主体	規制
不当寄附勧誘防止法	法人等	▲配慮義務 （第3条）
立憲・維新案	すべて（個人・法人を問わない）	×禁止 （第2条・第3条）

第2条【定義等】

① この法律において「特定財産損害誘導行為」とは、人に対し、次に掲げる行為その他の人の自由な意思決定を著しく困難とするような状況を惹起させる違法若しくは著しく不当な行為（以下「困難状況惹起行為」という。）を行い、又は困難状況惹起行為により惹起された状況を利用して、その人の財産に著しい損害を生じさせることとなる財産上の利益の供与を誘導することをいう。

一 次に掲げる方法により、人に著しい不安又は恐怖を与える行為

イ 暴行、脅迫、監禁その他精神又は身体の自由を不当に拘束する手段を用いること。

ロ 霊感その他の合理的に実証することが困難な特別な能力による知見として、そのままではその人に重大な不利益を与える事態が生じる旨を示すこと。

二 その所属する組織、働きかけの目的等を告知しないこと等による注意力の低下に乗じる等心理学に関する知識及び技術をみだりに用い、又は人の

知慮浅薄若しくは心神耗弱に乗じて、その人の心身に重大な影響を及ぼす行為

②　前項の著しい損害に該当するかどうかの判断は、標準的な年収を得る者においてはその財産上の利益の供与に係る額がその者の年間の可処分所得の額の4分の1に相当する額を超える額となるかどうかを目安の一つとして、財産上の利益の供与を誘導された者の資産及び収入の状況、生活の状況その他の諸事情を考慮して行われるものとする。

第3条【特定財産損害誘導行為の禁止】　何人も、特定財産損害誘導行為をしてはならない。

第2条第1項は、特定財産損害誘導行為の定義規定です。①困難状況惹起《じゃっき》行為を行い、または②困難状況惹起行為により惹起された状況を利用して、③その人の財産に著しい損害を生じさせることとなる財産上の利益の供与を誘導すること、です。①＋③、または②＋③の組み合わせ（要件該当）で、特定財産損害誘導行為が成立します。

「困難状況惹起行為」（第1項柱書）とは、「人に対し、次に掲げる行為その他の人の自由な意思決定を著しく困難とするような状況を惹起させる違法若しくは著しく不当な行為」です。次に掲げる行為とは、第1号イ・ロ、第2号に規定されています。

「困難状況惹起行為により惹起された状況を利用して」（第1項柱書）とは、自ら困難状況惹起行為を行っていない者が、他者が惹起した困難状況を利用して、財産上の利益の供与を誘導する場合です。

「財産上の利益の供与を誘導する」（第1項柱書）とは、財産の供与を勧誘し、要求するなどの財産の供与に向けた働きかけを指します。

「心理学に関する知識及び技術をみだりに用い、又は人の知慮浅薄若しくは心神耗弱に乗じて、その人の心身に重大な影響を及ぼす行為」（第1項第2号）とは、旧来の霊感商法の手法を例に取れば、勧誘の主体を隠す、最初は「自己啓発セミナー」「運勢鑑定」など本来とは異なる目的できっかけをつくり、相手方の警戒心を解いた上で、それに乗じ、段階を経て徐々に教義を教え込み、最終的にはその教義を「絶対の真理」と信じ込ませる、一連の過程を指します。

「特定財産損害誘導行為」は、全体として故意が必要です。これには「未必の故意」

も含まれ、財産に著しい損害が発生する確定的な認識が無くとも、その結果発生の可能性、蓋然性を認識、認容しながら行為する場合も当たります。

第3条は「何人も、特定財産損害誘導行為をしてはならない」と規定しています。個人、法人を問わず、特定財産損害誘導行為が禁止されます。

「困惑」は要件ではない

不当寄附勧誘防止法第4条【禁止行為】では、個人が「困惑」することが要件に含まれていますが、立憲・維新案第2条が定める特定財産損害誘導行為では含まれていません。個人が困惑するに至らなくても、同条の要件を充たせば特定財産損害誘導行為に該当することになります。

SECTION 20

「著しい損害」の判断

ポイント

特定財産損害誘導行為は、「財産に著しい損害を生じさせることとなる財産上の利益の供与を誘導すること」が成立要件の一つです。「著しい損害」とは、個人の年間可処分所得の「4分の1」を超える額が目安となり、その資産、収入、生活の状況を勘案して判断されます。条文に明記することにより、裁判上の「損害」認定が容易になるメリットがあります。

立憲・維新案第2条第1項は「特定財産損害誘導行為」を禁止しています。「特定財産損害誘導行為」が成立する要件は、①困難状況惹起行為を行い、または②困難状況惹起行為により惹起された状況を利用して、③その人の財産に著しい損害を生じさせることとなる財産上の利益の供与を誘導すること、です。

③の「著しい損害」は、法を適用する上での要件の一つであるところ、これをどの

ような基準で判断するかが問題となります。

年間可処分所得「4分の1」要件の意義

第2条第2項は、「前項の著しい損害に該当するかどうかの判断は、標準的な年収を得る者においてはその財産上の利益の供与に係る額がその者の年間の可処分所得の額の4分の1に相当する額を超える額となるかどうかを目安の一つとして、財産上の利益の供与を誘導された者の資産及び収入の状況、生活の状況その他の諸事情を考慮して行われるものとする」と規定しています。年間可処分所得が1千万円の場合は、その4分の1の250万円が目安となります。

4分の1とされる根拠

「4分の1」という割合の根拠は、民事執行法第152条第1項に求めることができます。

第152条【差押禁止債権】
① 次に掲げる債権については、その支払期に受けるべき給付の4分の3に相当する部分(その額が標準的な世帯の必要生計費を勘案して政令で定める額を超えるときは、政令で定める額に相当する部分)は、差し押さえてはならない。
一 債務者が国及び地方公共団体以外の者から生計を維持するために支給を受ける継続的給付に係る債権
二 給料、賃金、俸給、退職年金及び賞与並びにこれらの性質を有する給与に係る債権

簡単な例を示します。AさんがBさんに対して100万円の貸金債権を持っていて、調停で、Bさんは分割して毎月10万円をAさんに対して支払う旨の合意が成立したとします。ところが、Bさんの支払いが滞ったため、AさんはBさんの給与を差し押さえようとします(強制執行)。Bさんに給与を支払っているのは勤務先のCで、Cは毎月Bさんに対して20万円支払っているとすると、民事執行法第152条第1項第2号の規定により、毎月4分の3(15万円)は差し押さえてはならず、残りの

4分の1（5万円）しか回収できないことになるのです。

これは、強制執行によっても差し押さえができない財産の範囲を定めることで、結果として苛烈な債権回収とならないよう、前例でいう債務者の生活を維持することを目的としています。他方、寄附の「上限」ないし「著しい損害」の判断では、強制執行とは場面が異なるものの、「4分の1」との基準が一つの目安となり、裁判における判断が容易になるメリットがあります。

なお、「4分の1」と示すと、寄附を受ける側が寄附者の年収を把握することへの懸念も生じます。しかし、元々は寄附を行う時点で収入を明らかにする必要はなく、取消しを行う場合に初めて問題となります。寄附を行う際に、寄附者の年収を尋ねて、その法定上限額を把握しようとする行為自体、一般的に妥当なものとは評価されません。

用語の意義

「標準的な年収」とは、国税庁の民間給与実態統計調査など各種統計による平均的な給与収入などを指します。

「4分の1に相当する額を超える額となるかどうか」とは、供与される財産上の利益の額と、標準的な年収を得る者についての目安としてその可処分所得の4分の1に相当する額を比較し、概ねそれを超えるかどうか、という意味です。

「目安の一つとして」とは、可処分所得の4分の1を超えるかどうかは、いくつかの考慮要素のうちの一つで、あくまでも標準的な年収を得る者についての目安となる考慮要素である、という意味です。

「生活の状況」とは、例えば、就業の状況や扶養家族の有無など生活に関わる全般的な状況を指します。

SECTION 21

マインドコントロール下での寄附の取消し

ポイント

特定財産損害誘導行為を受けた者は、契約(売買、贈与など)、単独行為(債務免除)といった「法律行為」を取り消すことができます。法律行為には該当しない「事実行為」であっても、財産上の利益を取り戻すことができます。

立憲・維新案第7条に従えば、特定財産損害誘導行為を受けた者は、寄附、高額商品の購入、寄附先に対する債務の免除などといった法律行為全般を取り消すことができます。

また、「困難状況惹起行為」が行われたものの、「著しい損害」(第2条第1項)が発生しなかった場合には、特定財産損害誘導行為には該当せず、取消しができないことになりますが、第8条【解釈規定】が定めるところにより、民法第96条【詐欺取消し】、消費者契約法第4条【消費者契約の承諾の意思表示の取消し】といった他の法律の規定が適用され、救済が図られることになります。

第7条【特定財産損害誘導行為による意思表示の取消し】 特定財産損害誘導行為によりその財産上の利益の供与を目的とする法律行為の意思表示をした者は、当該意思表示を取り消すことができる。
第8条【解釈規定】 前条の規定は、同条に規定する意思表示に対する民法第96条及び消費者契約法第4条の規定の適用を妨げるものと解してはならない。

現存利益に制限される返還義務

立憲・維新案によっても、物の返還義務は「現存利益」に限定されます。

例えば、ある宗教団体の信者が、団体に高額の寄附をし、その「見返り」として高額な壺、経典の給付を受けているとします。この信者が、特定財産損害誘導行為に当たるものとして意思表示を取り消した場合、給付を受けた当時その意思表示が取り消すことができるものであることを知らなかったときは、当該法律行為によって現に利益を受けている限度において、返還の義務を負います（第9条）。セクション10でも扱いましたが、「現に利益を受けている限度」（現存利益）とは、手元にある現物を戻す義務にとどまります。購入した「壺」の一部が破損していたり、紛失していても問題はありません（取消権を行使できます）。

第9条【取消権を行使した者の返還義務】　民法第121条の2第1項の規定にかかわらず、特定財産損害誘導行為によりその財産上の利益の供与を目的とする法律行為をした者であって反対給付を受けたものは、第7条の規定により当該法律行為の意思表示を取り消した場合において、給付を受けた当時その意思表示が取り消すことができるものであることを知らなかったときは、当該法律行為によって現に利益を受けている限度において、返還の義務を負う。

○参照条文・民法

第121条の2【原状回復の義務】

① 無効な行為に基づく債務の履行として給付を受けた者は、相手方を原状に復させる義務を負う。

なお、取消権の消滅時効は、民法第126条が定めるところに従います(セクション25)。

利益供与事実行為の取戻し

立憲・維新案第10条は、「利益供与事実行為」により供与した金銭等を取り戻すことができる旨を定めています。ここでの「取戻し」は、意思表示の「取消し」とは法的意味が異なります。取り消せるのは「意思表示」だけです。

第10条【供与した財産上の利益の取戻し】　特定財産損害誘導行為によりその財産上の利益の供与を目的とする行為であって法律行為でないもの(以下「利益供与事実行為」という。)をした者は、当該利益供与事実行為に相当する法律行為の意思表示の取消しの例により、その財産上の利益を取り戻すことができる。

「当該利益供与事実行為に相当する法律行為」とは、贈与契約などが当たります。「意思表示の取消しの例により」とは、利益供与事実行為についても、法律行為であればそれを取り消すことにより財産被害の回復を得られたであろうとの同様の形で、供与してしまった財産上の利益を取り戻すことができるようにする趣旨のものです。

法律行為と事実行為の違い

	内容	例
法律行為	契約（相手方との意思表示の合致を以て、法律上の効果が生ずるもの）	売買、贈与など
	単独行為（一方当事者の意思表示で、法律上の効果が生ずるもの）	債務免除、遺言など
事実行為	意思表示によらないで、行為の結果が、法律上の意味を持たないもの	上記に当たらない資金の移動（喜捨、賽銭）

SECTION 22

家族等による財産の取り戻し（特別補助）

ポイント

特定財産損害誘導行為を受けた被害者が、いわゆるマインドコントロール下にあって取消権を適切に行使することが期待できない場面でも、家族等が「特別補助人」となり、被害者本人の保護、救済を図ることを可能とする制度設計です（立憲・維新案第11条）。セクション12で扱った債権者代位権（特例）とは異なります。

立憲・維新案における特別補助の制度は、家族など本人以外の「第三者」が被害の救済に関与するものです。第三者による救済のあり方は、4党協議会において意見対立が最も先鋭化したものであり、不当寄附勧誘防止法との立法理念の相違をうかがい知ることができます。

いわゆるマインドコントロール下にある者は、特定財産損害誘導行為を行う者との関係で、生活に支障が生じる程度の高額な寄附を継続してしまうなど、社会生活・

経済上の合理性を有する判断ができない状態にあります。通常は、本人が被害を認識し、取消権を行使することが期待できません。そこで、後見的な見地から本人の保護を図るため、家族などが代わって取消し等を行うことを可能とするのが特別補助の制度です。

立憲・維新案第11条は、次のように規定しています。

第11条【特別補助開始の審判等】

① 困難状況惹起行為を受け、自己の財産に著しい損害を生じさせる財産上の利益の供与を誘導されるような精神状態にある者又はそのような精神状態に陥るおそれが極めて高い者については、家庭裁判所は、本人、配偶者、4親等内の親族、民法第10条に規定する後見人、同条に規定する後見監督人、保佐人、保佐監督人、補助人、補助監督人又は検察官の請求により、特別補助開始の審判をすることができる。

② 特別補助開始の審判を受けた者は、被特別補助人とし、これに特別補助人を付する。

③　家庭裁判所は、必要があると認めるときは、被特別補助人、その親族若しくは特別補助人の請求により又は職権で、特別補助監督人を選任することができる。

「困難状況惹起行為を受け、自己の財産に著しい損害を生じさせる財産上の利益の供与を誘導されるような精神状態にある者」(第1項)とは、例えば、旧統一教会の被害事例で多く報告されているような、寄附等の要求があれば、経済的余裕が無いにもかかわらず、応じてしまう者が該当します。

前記の「精神状態」の判断は、特別補助開始の審判のときに行うことになります。その原因が消滅した場合には、審判は取り消されます。判断で考慮する事情としては、特定財産損害誘導行為を行う者による本人に対する働きかけの具体的態様、すでに供与された財産の多寡、心理学の専門家の知見などが挙げられます。

特別補助の審判の開始は、本人を保護するという制度趣旨に従って、本人の意思に反しても行われます。

特別補助人の同意を要する旨の審判

家庭裁判所は、特別補助開始の審判を受けた者（被特別補助人、第11条第2項）が特定の行為をする場合に、その特別補助人の同意を要する旨の審判をすることができます（第12条）。

第12条【特別補助人の同意を要する旨の審判等】

① 家庭裁判所は、前条第1項に規定する者又は特別補助人若しくは特別補助監督人の請求により、被特別補助人が次の各号のいずれにも該当する行為（第17条第2項において「同意請求対象行為」という。）のうち特定の行為をするにはその特別補助人の同意を得なければならない旨の審判をすることができる。

一 民法第13条第1項第2号から第5号まで及び第10号に掲げる行為

二 その相手方が特定財産損害誘導行為を行う者又はその関係者である行為（相手方のない法律行為又は利益供与事実行為であって、これらの者に財産上の利益を供与するものを含む。）

② 特別補助人の同意を得なければならない法律行為であって、その同意又はこ

れに代わる許可（第18条第1項の規定によりその例によることとされる民法第17条第3項の規定による同意に代わる許可をいう。次項において同じ。）を得ないでしたものは、取り消すことができる。

③　特別補助人の同意を得なければならない利益供与事実行為であって、その同意又はこれに代わる許可を得ないでしたものは、当該利益供与事実行為に相当する法律行為の意思表示の取消しの例により、その財産上の利益を取り戻すことができる。

第1項第1号に該当するのは、借財または保証をすること（民法第13条第1項第2号）、不動産その他重要な財産に関する権利の得喪を目的とする行為をすること（同第3号）、訴訟行為をすること（同第4号）、贈与、和解または仲裁合意をすること（同第5号）、民法第13条第1項各号が掲げる行為を、未成年者等の法定代理人としてすること（同第10号）、です。

「その関係者」（第1項第2号）とは、特定財産損害誘導行為を行う者の所属する団体やその従業者、その団体と人的、物的なつながりがある団体などを指します。

第13条【特別補助開始の審判の取消し】　第11条第1項に規定する原因が消滅したときは、家庭裁判所は、同項に規定する者又は特別補助人若しくは特別補助監督人の請求により、特別補助開始の審判を取り消さなければならない。

いわゆるマインドコントロール状態が解消するまでは、特別補助開始の審判は取り消されません。「第11条第1項に規定する原因が消滅したとき」の判断は、いわゆるマインドコントロールから脱するための心理療法等を受けているような場合には、それを担当する心理専門家等による意見等が基礎となり得ます。

第14条は、特別補助人等の欠格事由（なることができない者）について規定しています。

第14条【特別補助人及び特別補助監督人の欠格事由】　次に掲げる者は、特別補助人又は特別補助監督人となることができない。

一　困難状況惹起行為を受けてその影響の下にある者

二　被特別補助人に対して訴訟をし、又はした者並びにその配偶者及び直系血族

三　民法第847条第1号から第3号まで及び第5号に掲げる者

第15条は、特別補助人に代理権を付与する旨の審判について定めています。

第15条【特別補助人に代理権を付与する旨の審判】　家庭裁判所は、第11条第1項に規定する者又は特別補助人若しくは特別補助監督人の請求により、被特別補助人のために特定の法律行為（特定財産損害誘導行為による財産上の被害の防止又は回復に関するものに限る。）について特別補助人に代理権を付与する旨の審判をすることができる。

「特定の法律行為」のかっこ書きにある「特定財産損害誘導行為による財産上の被害の防止又は回復に関するもの」とは、特別補助人が本人を代理して取消権を行使すること、不法行為に基づく損害賠償請求を行うこと、などが想定されています。返還を受けた寄附金を受領し、管理すること、本人の家族の生活費として使用すること、はいずれも想定されていません。

SECTION 23

心理的支配利用罪の新設

ポイント

国民民主党が2022年12月8日、参議院に提出した「心理的支配利用罪新設法案」は、刑法上の財産犯の新たな類型として「心理的支配利用罪」を置くことなどを内容としています。立憲・維新案とは異なる、刑法分野からのアプローチを含んでいます。組織が心理的支配利用行為を行う場合は刑が加重され、いわゆる日本版司法取引(免責)の対象となることも定めています。

国民民主党は2022年11月9日、「心理的支配利用の被害救済及び防止に関する考え方」を公表しました。施策の柱として、①悪質な寄附等の募集に関する禁止行為を定めた新法の制定、②家族による損害賠償請求を可能とする民法の特例等の創設、③消費者契約法の改正による救済範囲の拡大、の3つを掲げていました。

①は後述しますが、②は、心理的支配利用による寄附等の募集に当たって家族(配

偶者、扶養親族）に不利益を与えないようにする配慮義務を新法に規定し、これに違反した場合、家族も当事者として不法行為に基づく損害賠償の請求（民法第709条）ができる民法上の特例を定めること、さらに、損害の立証を容易にするため、損害額の推定規定などの特則を設けること、③は、心理的支配利用による契約の取消権の範囲の拡大と取消権行使の期間を伸長すること、また、消費者契約法第4条第3項を改正し、いわゆる困惑類型の取消事由に「心理的支配利用に伴う暴利行為」を追加すること、を内容としていました。

いずれも、「心理的支配利用」がキーワードとなっています。高額な寄附等を行い財産上の被害を受けた者の「内心」を法的に評価することは困難であるため、いわば外側から心理的支配利用という「行為」を禁止することを重視し、罰則、損害賠償責任などの効果を与えることが立法の主眼となっています。

心理的支配利用罪新設法案の概要

「考え方」の公表から約1か月後（2022年12月8日）、参議院会派の国民民主党・新緑風会は、「刑法及び組織的な犯罪の処罰及び犯罪収益の規制等に関する法律の一部を改正する法律案（心理的支配利用罪新設法案）」を提出しました（第２１０回国会参法第７号）。

心理的支配利用罪新設法案は、「Ⅰ．刑法（１９０７年４月24日法律第45号）の一部改正」、「Ⅱ．組織的な犯罪の処罰及び犯罪収益の規制等に関する法律（１９９９年８月18日法律第１３６号、組織的犯罪処罰法）の一部改正」、「Ⅲ．法人の法令違反行為に対する適確な権限行使」という3つの柱から成ります。以下、その要約です。

Ⅰ．刑法の一部改正

第２４９条の2【心理的支配利用】※新設

人を偽計、威力その他不正の方法により自己の心理的な支配の下に置き、または人が偽計、威力その他不正の方法により第三者の心理的な支配の下に置かれていることに乗じて、その財物を交付させ、または財産上の不法の利益を得、もしくは他人にこれを得させた者は、10年以下の拘禁刑に処する。

刑法第２４９条【恐喝】の次に、第２４９条の2【心理的支配利用】という規定を新設する内容です。

構成要件にある「心理的な支配の下に置き」が何を指すのかが問題となりますが、参考となるのが、児童福祉法（1947年12月12日法律第164号）第34条第1項第9号の規定に関する最高裁判所決定が示す解釈です。すなわち、同条項同号は、何人に対しても「児童の心身に有害な影響を与える行為をさせる目的をもつて、これを自己の支配下に置く行為」を禁止していますが（違反した者は、児童福祉法第60条第2項の規定により、3年以下の拘禁刑もしくは100万円以下の罰金に処し、またはこれを併科されます）、最高裁判所決定（1981年4月8日）は「自己の支配下に置く行為」の解釈に関して、①心理的な影響を及ぼすこと、②意思を左右し得る状態に置くこと、③影響下から離脱すること、という3つの判断要素を示しています。

また、寄附等を募集する相手方に不利益を与える行為は、構成要件に含まれていない（犯罪は成立しない）ことに注意を要します。

さらに、構成要件中の「他人」には、行為者が所属する団体も含まれると解されます。

Ⅱ．組織的犯罪処罰法の一部改正
ア．刑法第２４９条の２（心理的支配利用）の罪に当たる行為が、団体の活動（団体の意思決定に基づく行為であって、その効果またはこれによる利益が当該団体に帰属するものをいう。）として、当該罪に当たる行為を実行するための組織により行われたときは、その罪を犯した者は、１年以上の有期拘禁刑に処すること。
イ．組織的な態様で行われる心理的支配利用罪について、特定犯罪の合意制度（いわゆる日本版司法取引）の対象とすること。

アは、心理的支配利用罪に当たる行為が、団体の活動として、当該罪に当たる行為を実行するための組織により行われたときの法定刑を1年以上の有期拘禁刑に加重する内容です。

イは、組織的に行われる心理的支配利用罪について、いわゆる日本版司法取引（検察官と被疑者、被告人との法的合意）の対象とし、公訴の不提起、取消しなどの効果を及ぼすことを可能とする内容です。刑事訴訟法（１９４８年7月10日法律第１３１

号）第350条の2の改正を伴います。

Ⅰ・Ⅱの基本的な考え方は、フランスのセクト団体規制法（2001年）で新設された「無知・脆弱状態不法利用罪」の内容に求めることができます。

Ⅲ．法人の法令違反行為に対する適確な権限行使

会社、宗教法人その他の法人の活動として法令に違反する行為が行われた場合においては、当該法人によるその後の法令に違反する行為を確実に防止する観点から、行われた行為に係る態様、結果その他の事情を踏まえ、会社法、宗教法人法その他の関係法律の規定による行政庁の当該法人に係る権限が適確に行使されるものとすること。

Ⅲは、旧統一教会問題をめぐって、法人に対する報告徴収・質問権の行使、解散命令請求などの行政庁の権限が適確に行使されていない（行使されてこなかった）実態が念頭に置かれています。

なお、「考え方」にある、②家族による損害賠償請求を可能とする民法の特例等の創設、③消費者契約法の改正による救済範囲の拡大については、不当寄附勧誘防止法第3条（配慮義務）、改正消費者契約法第4条第3項にその趣旨が反映されたという判断から、心理的支配利用罪新設法案には盛り込まれていません。

法案審査の可能性

心理的支配利用法案は、第210回国会（臨時会）の閉会日の2日前に提出されたというタイミングの遅れがあり、審議未了により廃案となりました。第211回国会（常会）以降、同法案の再提出はなされていませんが、寄附、消費者契約といった民事ルールとは別の刑事法的アプローチにより、いわゆるカルト対策法の整備にも展開可能な項目を含んでいることから、今後の議論の足掛かりとなることが期待されます。

第5章

民法上の被害者救済策

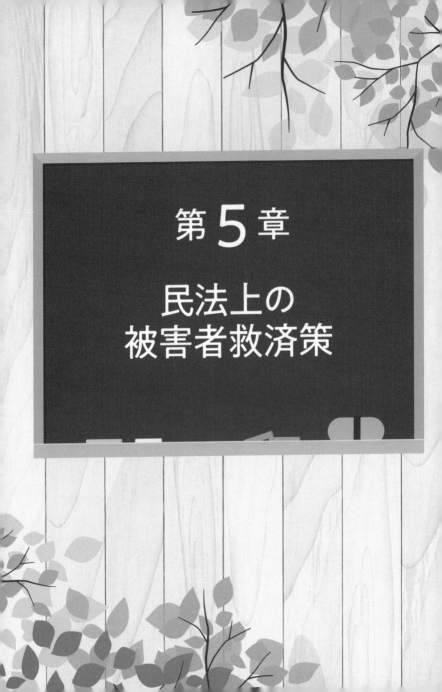

SECTION 24

公序良俗違反による無効

ポイント

民法第90条は、公序良俗に反する法律行為(契約など)が「無効」であると定めています。救済二法(案)の審査、審議では、寄附の返還を免れるために行われる念書の作成やビデオ録画について、その問題が指摘されました。これらに関し、政府見解は「公序良俗に反して無効」である旨が示されています。

第5章(セクション24〜28)は、民法の関係条文を順に解説していきます。寄附をめぐる被害が生じた場合、不当寄附勧誘防止法、消費者契約法の適用をまず検討し、各要件に当てはめていくことになりますが、根本にあるのは民法です。各事案において民法の適用が完全に排除されるわけではありません。具体的には、第90条【公序良俗】、第95条【錯誤取消し】、第96条【詐欺取消し】、第423条【債権者代位権】、第424条【詐害行為取消権】、第709条【不法行為に基づく損害賠償請求】などの規定です。

公序良俗違反とは

民法第90条は、次のように規定しています。

第90条【公序良俗】 公の秩序又は善良の風俗に反する法律行為は、無効とする。

「公序良俗に反する」とは、反社会性を帯びるものという意味で理解できます。その類型として、財産的秩序に反する行為(賭博など)、倫理的秩序に反する行為(交際関係と密着した金銭消費貸借など)、個人の権利・自由を侵害する行為(差別など)が挙げられます。判例上、「窮迫、軽率または無経験に乗じて、著しく過当の利益を獲得する行為(暴利行為)」は無効とされています。

寄附事案の領域で考えると、それがどれほど高額なものであっても、直ちに反社会性を帯びるということにはなりません。旧統一教会問題では、寄附の返還を免れる(返金逃れ、返金拒否)ために、念書を書かせたり、寄附者本人が返還を求めない旨を申述する様子を録画することについて、契約上の有効性が疑問視されました。政府見解はこの点に関して、「(寄附の勧誘を受けた当時は)自分が困惑しているか判断できない状態で、何の疑問も持っていないような状態であったとしても、その後脱会して冷静に考えると、当時、不安に乗じられ困惑していたということであれば、そのような状態でサインした寄附の一部の返金の和解の合意や、寄附の返金を求めない旨の念書は公序良俗に反し、裁判等において、無効の主張、立証をすることが可能となり得る」としています。寄附の勧誘の違法性を基礎付けるものとして公序良俗違反が認定されれば、不法行為に基づく損害賠償請求を行うことができます。

また、寄附をする個人が、返還をしない等の旨を記した公正証書を安易に作成することがないよう、公証役場等の協力を得ることが今後必要となるとの指摘があります。

立法政策に委ねられる「無効」と「取消し」の効果

契約などの法律行為を無効とするか、取消しうるものとするかは、あくまで立法政策上の問題です。個人の意思を問わないで効力を否定するのを妥当とする客観的事由があるときは無効とされ、これに反し特定の人の意思によって効力を否定するのが妥当である場合は、取消しうるものとされます(我妻栄・有泉亨・川井健著『民法 1 総則・物権法』(勁草書房、2003年)191頁)。

この点、個人をいわゆるマインドコントロール下に置き、高額な寄附等を要求する行為は、当該個人が困惑するかどうかにかかわらず、社会的相当性を欠く行為として捉え、「無効」とすべきとの議論もみられます。確かに、端的に無効とした方が被害の救済に資するとも考えられます。

しかし、マインドコントロールの定義が困難である中で、一律に「無効」としてしまうと、純粋な信仰心に基づく寄附や、宗教上の正当な勧誘活動でさえ成り立たなくしてしまい、過大な萎縮効果が及んでしまいます。セクション04で、憲法との関係（幸福追求権、信教の自由、財産権）に留意する必要性を指摘しましたが、まさにこの点で「契約の無効か、取消しか」の立法政策上の判断の問題が生まれるのです。

すでに解説したとおり、不当寄附勧誘防止法第8条、立憲・維新案第7条のいずれも、「取り消すことができる」ことにとどめる立法判断を行っています。立場上の違いはありません。

無効と取消しの違い

	意義（効果）	権利行使の期間	追認
無効	契約の効力を初めから無かったことにする	（当然に効力なし）	できない（民法第119条本文）
取消し	契約は一応有効に成立したものとして扱い、後にその意思表示を解消する	「追認できる時」から、「意思表示をした時」から、それぞれ制限あり	できる（民法第122条）

SECTION 25

錯誤・詐欺による取消し

ポイント

勘違いをした場合のほか、だまされたり、無理に脅されたりして寄附をし、物品を購入してしまった場合には、その契約を取り消すことができます（民法第95条、第96条）。

セクション10、15でも、寄附、消費者契約等の意思表示の取消しに関する解説をしましたが、勘違いをしてしまったり（錯誤）、だまされたり（詐欺）、無理に脅されたり（強迫）した場合には、一般法としての民法の規定の適用があり、それぞれ取り消すことができます。

まずは、錯誤取消しに関する条文から確認していきます。

第95条【錯誤】

① 意思表示は、次に掲げる錯誤に基づくものであって、その錯誤が法律行為の目的及び取引上の社会通念に照らして重要なものであるときは、取り消すことができる。

一 意思表示に対応する意思を欠く錯誤

二 表意者が法律行為の基礎とした事情についてのその認識が真実に反する錯誤

② 前項第2号の規定による意思表示の取消しは、その事情が法律行為の基礎とされていることが表示されていたときに限り、することができる。

③ 錯誤が表意者の重大な過失によるものであった場合には、次に掲げる場合を除き、第1項の規定による意思表示の取消しをすることができない。

一 相手方が表意者に錯誤があることを知り、又は重大な過失によって知らなかったとき。

二 相手方が表意者と同一の錯誤に陥っていたとき。

④ 第1項の規定による意思表示の取消しは、善意でかつ過失がない第三者に対抗することができない。

まず、錯誤に陥った状態での意思表示が、すべて取消しの対象となるわけではありません。「法律行為の目的及び取引上の社会通念に照らして重要なものであるとき」(第1項柱書)に限られます。

第1項第1号の「意思表示に対応する意思を欠く錯誤」とは、例えば、コシヒカリが欲しかったのに「ハッシモをください」と言ってしまった場合です。「ハツシモをください」という売買の申込みの意思表示に対応する「ハツシモが欲しい」という意思を欠き、表示と意思の不一致が生じています。講学上「表示の錯誤」と呼ばれます。

第1項第2号の「法律行為の基礎とした事情についてのその認識が真実に反する錯誤」とは、国民生活センターがよく示す例では、「古い傷だらけのネズミの人形を初期のミッキーマウス人形と勘違いして買いたいと言ってしまった」場合です。ネズミの人形と認識している点で誤りはないものの、「初期のミッキーマウス」と認識している点で、真実に反しています。こちらは「動機の錯誤」と呼ばれます。

錯誤取消しの制限

第2項は、第1項第2号の錯誤取消しをする場合に、「その事情が法律行為の基礎とされていることが表示されていたときに限り」という制限が付されています。前例でいえば、古く傷だらけであっても、初期のミッキーマウス人形だから買うという「動機」が表示されている場合です。この動機の表示がない場合にまで、錯誤取消しを認めてしまうと、人形の売主に予期しえない不利益を与えてしまいます。

第3項は、表意者の重過失による取消しの制限、第4項は、善意（事情を知らない、の意）・無過失の第三者を保護する旨の規定です。

第96条【詐欺又は強迫】

① 詐欺又は強迫による意思表示は、取り消すことができる。

② 相手方に対する意思表示について第三者が詐欺を行った場合においては、相手方がその事実を知り、又は知ることができたときに限り、その意思表示を取り消すことができる。

③ 前2項の規定による詐欺による意思表示の取消しは、善意でかつ過失がない第三者に対抗することができない。

第96条は、詐欺、強迫による意思表示の取消しに関して定めています。「強迫」は、刑法第222条の「脅迫」とは異なり、無理強いといった広い意味を有しています。

第2項は、当事者ではない第三者が詐欺を行った場合、詐欺を受けた表意者の保護と相手方との利益の保護との調和を図る上で、相手方が悪意（事情を知っている、の意）、その可能性があるときに限り取り消すことができるものとしています。

第3項は、詐欺による意思表示の取消しは、善意・無過失の第三者に対抗できない旨を定めています。「強迫」が入っていないのは、詐欺に比べて意思の自由の抑圧が大きいため、表意者の保護を徹底する（善意・無過失の第三者は保護されない）趣旨です。

取消しの効果と消滅時効

第121条は、意思表示の取消しの効果として、「初めから無効であったものとみなす」と定めています。その効果として、原状回復義務を負います（第121条の2第1項）。給付を受けたとき、無効であることを知らなかった相手方は、給付を受けた物そのままの返還ではなく「現に利益を受けている限度」（現存利益）に制限されます。紛失していたり、壊れていても構いません。

また、取消権の消滅時効は、「追認をすることができる時から5年間」「行為の時から20年」のいずれか早い方の期限到来で判断されます（第126条）。「追認をすることができる時」とは、錯誤、詐欺の事実に気付いた時点、畏怖から脱した時点のことです。

第121条【取消しの効果】取り消された行為は、初めから無効であったものとみなす。

第121条の2【原状回復の義務】

① 無効な行為に基づく債務の履行として給付を受けた者は、相手方を原状に復させる義務を負う。

② 前項の規定にかかわらず、無効な無償行為に基づく債務の履行として給付を受けた者は、給付を受けた当時その行為が無効であること（給付を受けた後に前条の規定により初めから無効であったものとみなされた行為にあっては、給付を受けた当時その行為が取り消すことができるものであること）を知らな

かったときは、その行為によって現に利益を受けている限度において、返還の義務を負う。

③　第1項の規定にかかわらず、行為の時に意思能力を有しなかった者は、その行為によって現に利益を受けている限度において、返還の義務を負う。行為の時に制限行為能力者であった者についても、同様とする。

第126条【取消権の期間の制限】　取消権は、追認をすることができる時から5年間行使しないときは、時効によって消滅する。行為の時から20年を経過したときも、同様とする。

SECTION 26

債権者代位権と詐害行為取消権

ポイント

養育費等の支払いを受けるべき第三者は、資力のない本人（寄附をした者）が寄附の取消しをしないときは、本人に代わって取り消すことができます（債権者代位権、民法第４２３条）。ただし、将来の分は含まれず、支払の期限が到来しているものに限られます。また、本人が第三者に養育費等を支払えなくなることを知って寄附をした場合も、取り消すことができます（詐害行為取消権、民法第４２４条）。

再び、家族等による財産の取戻しの問題です。本書の構成上、セクション12では、債権者代位権の「特例」を先に解説しました（不当寄附勧誘防止法第10条）。ここでは若干の重複がありますが、民法上の原則規定を改めて確認します。救済二法が施行された後も、民法の適用可能性がまったく無くなるわけではないので、寄附だけではない、一般的な債権の保全の方法としても理解してください。

第423条【債権者代位権の要件】
① 債権者は、自己の債権を保全するため必要があるときは、債務者に属する権利（以下「被代位権利」という。）を行使することができる。ただし、債務者の一身に専属する権利及び差押えを禁じられた権利は、この限りでない。
② 債権者は、その債権の期限が到来しない間は、被代位権利を行使することができない。ただし、保存行為は、この限りでない。
③ 債権者は、その債権が強制執行により実現することのできないものであるときは、被代位権利を行使することができない。

第1項本文は「債権者は、自己の債権を保全するため必要があるときは、債務者に属する権利（被代位権利）を行使することができる」と定めています。「自己の債権を保全するため必要があるとき」とは、債権者が債務者の権利を行使しなければ自己の債権について完全な満足（支払い）を受けられないおそれがあることです。この場合、債務者に資力がないこと（無資力）が必要となります。

第2項本文は「債権者は、その債権の期限が到来しない間は、被代位権利を行使することができない」と定めています。その趣旨は、債務者が債務の履行期になっても支払をしない場合に初めて、債権者が支払いを受けるメリットが生まれるからです（この点に関する特例を定めたのが、不当寄附勧誘防止法第10条であるといえます）。

以上の条文の内容を、簡単な事例を示して解説します。

債権者Bは債務者Aに対して、100万円の債権を有しています（①）。また、債務者Aは第三者Cに対して、100万円の債権を有しています。この場合、Aが債権者、Cが債務者です（②）。Aは他に財産がなく、無資力です（③）。AはCに対する債権を適正に行使していない状態にあります（④）。

この事例で、Aが他に十分な資力を有していれば、Bは支払いを受けることができますが、それが期待できま

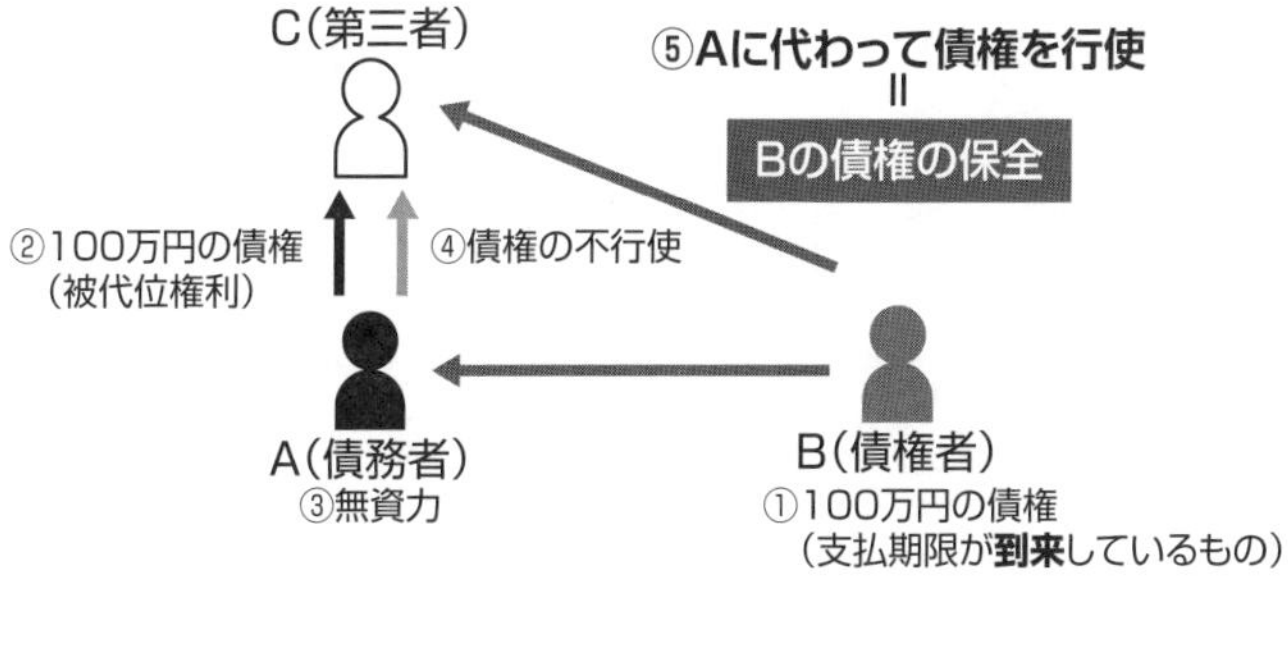

せん。しかし、AのCに対する債権をAが行使すれば、Cから100万円の支払いを受けることができ、Bは権利上の満足を得ることができます。このような状況の下で、Cに対する債権を行使しないAに代わって、Bが自己の債権を保全する権利が債権者代位権です(⑤)。

次に、詐害行為取消権について解説します。

第424条【詐害行為取消請求】

① 債権者は、債務者が債権者を害することを知ってした行為の取消しを裁判所に請求することができる。ただし、その行為によって利益を受けた者(以下この款において「受益者」という。)がその行為の時において債権者を害することを知らなかったときは、この限りでない。

② 前項の規定は、財産権を目的としない行為については、適用しない。

③ 債権者は、その債権が第1項に規定する行為の前の原因に基づいて生じたものである場合に限り、同項の規定による請求(以下「詐害行為取消請求」という。)をすることができる。

④　債権者は、その債権が強制執行により実現することのできないものであるときは、詐害行為取消請求をすることができない。
第424条の2から第425条の4まで（略）
第426条【詐害行為取消権の期間の制限】　詐害行為取消請求に係る訴えは、債務者が債権者を害することを知って行為をしたことを債権者が知った時から2年を経過したときは、提起することができない。行為の時から10年を経過したときも、同様とする。

第1項本文は、「債権者は、債務者が債権者を害することを知ってした行為の取消しを裁判所に請求することができる」と定めています。これを詐害行為取消権といいます（第3項）。

次頁の図例のとおり、BはAに対して100万円の金銭債権を有しています（①）。Aは他に資力が無いにもかかわらず、Bを「害することを知って」、Cに対して100万円を給付したとします。さらにCは、Aから100万円を受け取ることについて、Bを「害することを知って」いたとします（②・③）。

このような状況の下、Bは、自己の債権を保全するため、Aの行為を取り消すことができます（④）。なお、受益者であるCが、100万円の給付のときにおいて「債権者Bを害することを知らなかったとき」には、Bは取消権を行使することはできません。詐害行為取消権は、裁判上で行使する必要があります。

詐害行為取消権の期間の制限

第426条は、詐害行為取消権の期間の制限を定めています（知った時から2年、行為の時から10年）。「債務者が債権者を害することを知って行為をしたことを債権者が知った時」とは、債務者に詐害の意思があることを知りつつ、詐害の客観的事実を知ったときを意味します。

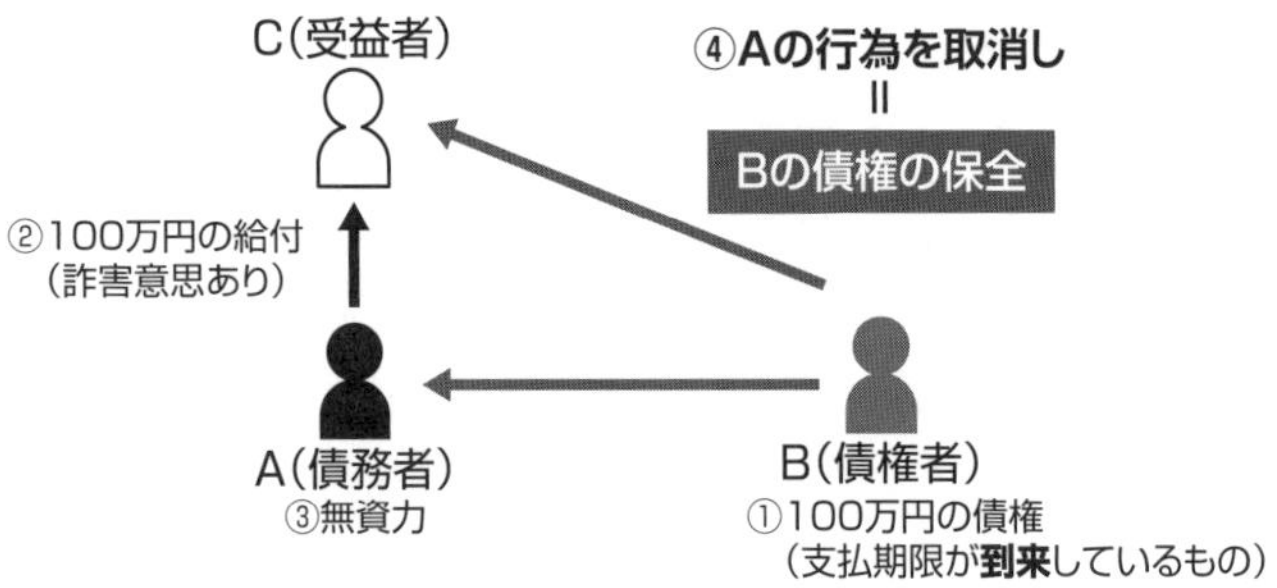

SECTION 27

不法行為に基づく損害賠償請求

ポイント

寄附の勧誘行為が、その態様などに照らして民法上の「不法行為」に当たる場合には、損害賠償の請求ができます（民法第709条、第715条）。セクション07から09までに扱った、法人の配慮義務違反、禁止行為違反があった場合を含みます。なお、損害賠償請求権は時効によって消滅するので、注意が必要です（同法第724条）。

第709条は、不法行為による損害賠償責任を定めた一般的な条文です。

第709条【不法行為による損害賠償】　故意又は過失によって他人の権利又は法律上保護される利益を侵害した者は、これによって生じた損害を賠償する責任を負う。

条文上は、①故意・過失、②他人の権利または法律上保護された利益の侵害、③損害の発生が明示されていますが、他に、④行為者の責任能力、⑤行為と損害（結果）との因果関係が必要になります。判例は②の判断に関して「社会的相当性」という概念を用いています。宗教団体の信者が寄附や物品購入を勧誘する行為が、その目的、態様、結果等に照らし、社会的に相当な範囲を逸脱する場合には、不法行為が成立し、損害賠償請求が可能であるとする多くの判例が存在しています。

一連の勧誘行為を全体として評価し「不法行為」と認定した判例

不法行為が成立するかどうか、個々の勧誘行為に当てはめて判断していくことが基本ですが、「一連にわたる勧誘行為」を全体的に評価し、不法行為を認定した判例もあります。悩み相談において寺院関係者により霊感説明を受け畏怖した被害者に、長期にわたって除霊等の儀式を勧め、多額の出費をさせた（勧誘行為と寄附が長期間継続して多数回行われた）事案で、個々の勧誘行為でなく、一連の行為を全体的に評価し、社会的に相当な範囲を逸脱しているとして、不法行為責任を認めたものです（名古屋地裁２０１２年4月13日判時２１５３号54頁）。

「違法性の有無」をどう評価するか、裁判所としての考え方の提示（規範定立）の箇所を以下引用します。第一、第二段落では、寄附、献金等の勧誘がただちに違法と評価されるわけではないとしつつも、第三段落では社会的相当性を欠く場合などには違法と評価される旨、判示しています。そして、傍線を引いた部分で、一連の行為を全体として評価できることを示しています。

一般に、宗教団体が、当該宗教団体の宗教的教義の実践として、信者等に対して、儀式等を受けるように勧誘したり、任意に寄附や献金をするよう求めること自体は、信教の自由の一様態としての宗教活動の自由として保障されなければならないものであって、これを殊更に制限したり、違法と評価することは厳に慎まなければならない。また、金員の出捐を伴う儀式等を受けることを勧誘するに際して、特定の宗教を信じる者が、当該宗教団体における教義等に基づく、科学的に証明し得ないような事象、存在、因果関係等を理由とするような吉凶禍福を説き、儀式等を受けることによって、そうした吉凶禍福を一定程度有利に解決することができるなどと信者等に説明することについても、その説明内容がおよそ科学的に証明できないことなどを理由として、直ちに虚偽と断じ、あるいは違法と評価することもすべきではないし、予め信者等の境遇や悩み等を把握した上で、そうした悩み等を解決する手段として、金員の出捐を含む宗教的教義の具体的実践を勧誘することも、直ちに違法と評価されるものではない。

しかしながら、上記のような行為が、信者等をいたずらに不安に陥れたり、畏怖させたりした上で、そのような心理状態につけ込んで行われ、社会一般的に信者等の自由な意思に基づくものとはいえないような態様で行われたものである場合や、信者等の社会的地位や資産状況等に照らして不相当な多額の金員を支出させるなど、社会的に考えて一般的に相当と認められる範囲を著しく逸脱するものである場合などには、そのような行為は、反社会的なものと評価され、公序良俗に反するものとして、違法なものになるといわざるを得ない。そして、そのような行為の違法性の有無は、常に一つ一つの行為ごとに判断されるべきものとはいえず、信者に対する一連の行為を全体として見た場合に、社会的に相当と認められる範囲を逸脱するといえる場合には、その全体をもって違法な行為ということもできるというべきである。

使用者責任の成立

宗教団体の信者が寄附や物品購入などの勧誘を行い、前記の不法行為責任（第

709条)が成立する場合において、その宗教団体と勧誘した信者との間に実質的な指揮監督関係があり、かつ、その不法行為が当該宗教団体の事業の執行について行われたものであるときは、被勧誘者は、当該団体に対して損害賠償(寄附額、物品等の代金相当額など)を請求することができます。これを使用者責任といいます(第715条第1項本文)。

第715条【使用者責任】
① ある事業のために他人を使用する者は、被用者がその事業の執行について第三者に加えた損害を賠償する責任を負う。ただし、使用者が被用者の選任及びその事業の監督について相当の注意をしたとき、又は相当の注意をしても損害が生ずべきであったときは、この限りでない。
②・③ 略

不法行為による損害賠償請求権の消滅時効

契約の取消権と同様、消滅時効にかかるので、注意が必要です。

第724条【不法行為による損害賠償請求権の消滅時効】　不法行為による損害賠償の請求権は、次に掲げる場合には、時効によって消滅する。
一　被害者又はその法定代理人が損害及び加害者を知った時から3年間行使しないとき。
二　不法行為の時から20年間行使しないとき。

第1号の「損害及び加害者を知った時」とは、被害者が、加害者に対する損害賠償請求（民法第709条）が事実上可能な状況の下で、その可能な程度に「損害」「加害者」を知った時を意味し、加害行為が不法行為であることを知ることも必要です（最高裁判例同旨）。また、使用者責任（第715条）において「加害者を知った時」とは何を意味するかですが、①被害者が加害者を知ること、②使用者と被使用者（不法行為者）との間に使用関係がある事実を認識すること、さらに③一般人を基準にその不法行為が使用者の「事業の執行についてなされた」ものであると判断するに足りる事実も認識すること、が求められます。

SECTION 28

親権喪失等の審判

ポイント

未成年の子を持つ親が、家庭生活に深刻な影響を生じさせる程度に高額な寄附等を繰り返すなど（いわゆる宗教的虐待を含む）親権を適切に行使しない場合に、子を保護、救済する手段の一つとして、その親権を喪失させたり、一時的に停止させる制度があります（民法第８３４条、第８３４条の２）。

親が未成年の子（18歳未満）に対して有する親権は、①監護（民法第８２０条）、②教育（同条）、③居所の指定（同第８２２条）、④職業の許可（同第８２３条）⑤財産の管理・代表（同第８２４条）と、多岐に渡っています（以前は「懲戒」が含まれていましたが、虐待を正当化する根拠として使われるという理由で、２０２２年12月の民法改正により削除されました）。

親権は当然、子の利益を尊重しつつ、適正に行使されることが前提ですが、例えば、親が特定の宗教に深入りして、食事や学習等の面倒を見なかったり、子の預貯金を勝手に処分するなどすれば、子の利益を害することは明白です。このような場合において、親権の行使をそのまま継続させることは妥当ではなく、民法は親権喪失、親権停止、管理権喪失の制度を定めています（第834条、第834条の2、第835条）。

第834条【親権喪失の審判】　父又は母による虐待又は悪意の遺棄があるときその他父又は母による親権の行使が著しく困難又は不適当であることにより子の利益を著しく害するときは、家庭裁判所は、子、その親族、未成年後見人、未成年後見監督人又は検察官の請求により、その父又は母について、親権喪失の審判をすることができる。ただし、2年以内にその原因が消滅する見込みがあるときは、この限りでない。

第834条の2【親権停止の審判】

①　父又は母による親権の行使が困難又は不適当であることにより子の利益を害するときは、家庭裁判所は、子、その親族、未成年後見人、未成年後見監督人

又は検察官の請求により、その父又は母について、親権停止の審判をすることができる。

② 家庭裁判所は、親権停止の審判をするときは、その原因が消滅するまでに要すると見込まれる期間、子の心身の状態及び生活の状況その他一切の事情を考慮して、2年を超えない範囲内で、親権を停止する期間を定める。

第835条【管理権喪失の審判】 父又は母による管理権の行使が困難又は不適当であることにより子の利益を害するときは、家庭裁判所は、子、その親族、未成年後見人、未成年後見監督人又は検察官の請求により、その父又は母について、管理権喪失の審判をすることができる。

第836条【親権喪失、親権停止又は管理権喪失の審判の取消し】 第834条本文、第834条の2第1項又は前条に規定する原因が消滅したときは、家庭裁判所は、本人又はその親族の請求によって、それぞれ親権喪失、親権停止又は管理権喪失の審判を取り消すことができる。

親権喪失、親権停止、管理権喪失のいずれも、家庭裁判所の審判、決定に拠ります。

審判の請求は、子の親族によるものが多数を占めます。要件の上では、親権喪失は「子の利益を著しく害するとき」、親権停止、管理権喪失は「子の利益を害するとき」という違いがあります。「著しく害する」とは、悪意の遺棄や虐待などが典型例です。

管理権喪失は、親権のうち子の財産管理権のみを奪うものです。なお、親権停止は2年を超えることができません。

表は、直近10年間における親権制限事件の新受件数です。子一人について、親権喪失、停止となる親権者が二人いる場合には、2件として計上されます。

親権制限事件の新受件数

年	親権喪失	親権停止	管理権喪失
2013	111	186	14
2014	108	153	10
2015	63	192	6
2016	108	202	4
2017	118	250	4
2018	145	246	6
2019	109	252	7
2020	121	260	8
2021	104	255	4
2022	81	165	9

※2022年は速報値

（出典）最高裁判所事務総局家庭局「親権制限事件及び児童福祉法に規定する事件の概況」

https://www.courts.go.jp/vc-files/courts/2023/20230517zigyakugaikyou_r4.pdf

第6章

宗教法人の解散

SECTION 29

信教の自由の保障

ポイント

信教の自由（憲法第20条第1項）には、①内心における信仰の自由、②宗教的行為の自由、③宗教的結社の自由、が含まれます。宗教団体（法人）の設立は、③が関わります。

第6章では、救済二法の整備と並行して、旧統一教会問題をめぐる政府の対応が続いている「宗教法人に対する報告徴収・質問権、解散命令請求」について取り上げます。その議論、解説の前提として、まず憲法第20条の規定を掘り下げていきます。

第20条【信教の自由】
① 信教の自由は、何人に対してもこれを保障する。いかなる宗教団体も、国から特権を受け、又は政治上の権力を行使してはならない。
② 何人も、宗教上の行為、祝典、儀式又は行事に参加することを強制されない。

③ 国及びその機関は、宗教教育その他いかなる宗教的活動もしてはならない。

第1項前段が「信教の自由」（憲法の英語原文ではFreedom of religion）、第1項後段と第3項が「政教分離（国家の非宗教性、宗教的中立性）」に関する規定です。

信教の自由の意義と内容

信教の自由とは、「特定の宗教を信じ、又は一般に宗教を信じない自由」をいいます。ここに「宗教」とは「超人間的、超自然的本質の存在を確信し、畏敬崇拝する信条と行為」を指します。信教の自由の内容はさらに、①内心における信仰の自由、②宗教的行為の自由、③宗教的結社の自由、の3つに分けることができます。

①内心における信仰の自由は、（1）積極的信仰の自由（信仰を持つ自由）と消極的信仰の自由（信仰を持たない自由）、（2）積極的信仰告白の自由（信仰を告白する自由）と消極的信仰告白の自由（信仰を告白しない自由）を含みます。個人の内心（思想・良心）に関わるもので、絶対的に保障されます。

②宗教的行為の自由は、積極的宗教的行為の自由（する自由）と消極的宗教的行為

の自由（しない自由）を含みます。後者の消極的宗教的行為の自由は、第20条第2項で明文化されています。③宗教的結社の自由は、積極的宗教的結社の自由（する自由）と消極的宗教的結社の自由（しない自由）を含みます。前者に関わるのが「宗教法人」の制度です。セクション30以降で解説します。

明治憲法下の「信教の自由」

明治憲法第28条は、「日本臣民ハ安寧秩序ヲ妨ケス及臣民タルノ義務ニ背カサル限ニ於テ信教ノ自由ヲ有ス」と定めていました。「信教ノ自由」が明文で保障されていたものの、「臣民タルノ義務ニ背カサル限ニ於テ」という制限が付されたものでした。

明治政府は当時、王政復古と中央集権化を進めるためのイデオロギーとして宗教的国粋主義の系譜にある復古神道に徹し、神仏分離令（１８６８年）によって神道の積極的保護を図り、神社制度（１８７１年、伊勢神宮を頂点とする官社と諸社の制度）を確立しました。神道が事実上の「国教」といえる地位を占め、仏教、キリスト教等は長く、政治的抑圧を受けていたのです。現行憲法の規定は、このような明治憲法下での人権侵害の反省に立ったものです。

SECTION 30

宗教法人制度の意義

ポイント

個人には「積極的宗教的結社の自由」が保障され、多数人が集まって宗教団体を結成する自由が認められています。宗教法人法の目的は、同法の定める手続きに則り、宗教団体に「法人格」を与えることで、自由で自主的な活動（業務、事業）をするための安定的基盤を確保することにあります。

セクション29では、宗教的結社の自由の内容を解説しましたが、これには宗教団体の自由、自律も含まれます。つまり、①個人が宗教団体の結成（・不結成）、宗教団体への加入（・不加入）、宗教団体の構成員としての継続（・退会）に関すること、②宗教団体が、団体としての意見（教義を含む。以下同じ）を形成し、その意見を実現するための活動について、公権力による干渉を受けないこと、です。

憲法第20条が保障する信教の自由（積極的宗教的結社の自由）を踏まえ、宗教団体の自由、自律を保障するため、宗教法人法（1951年4月3日法律第126号）が制定されています。第1条には法律の目的が定められています。法人として「法律上の能力を与えること」（第1項）が明記されています。

第1条【この法律の目的】

① この法律は、宗教団体が、礼拝の施設その他の財産を所有し、これを維持運用し、その他その目的達成のための業務及び事業を運営することに資するため、宗教団体に法律上の能力を与えることを目的とする。

② 憲法で保障された信教の自由は、すべての国政において尊重されなければならない。従つて、この法律のいかなる規定も、個人、集団又は団体が、その保障された自由に基いて、教義をひろめ、儀式行事を行い、その他宗教上の行為を行うことを制限するものと解釈してはならない。

さらに、第2条は「宗教団体」、第4条は「宗教法人」の意義をそれぞれ定めています。団体の主たる目的として、①宗教の教義を広めること、②儀式行事を行うこと、③

信者を育成強化すること、の3つを定めています。

第2条【宗教団体の意義】　この法律において「宗教団体」とは、宗教の教義をひろめ、儀式行事を行い、及び信者を教化育成することを主たる目的とする左に掲げる団体をいう。
一　礼拝の施設を備える神社、寺院、教会、修道院その他これらに類する団体
二　前号に掲げる団体を包括する教派、宗派、教団、教会、修道会、司教区その他これらに類する団体
第4条【法人格】
①　宗教団体は、この法律により、法人となることができる。
②　この法律において「宗教法人」とは、この法律により法人となつた宗教団体をいう。

第2条各号は、宗教法人の分類に係る規定です。
宗派、教派、教団のように神社、寺院、教会などを傘下に持つ包括宗教法人（第2号）

と、神社、寺院、教会などのように礼拝の施設を備える単位宗教法人（第1号）とに分けられます。

さらに、単位宗教法人のうち包括宗教法人の傘下にある宗教法人を「被包括宗教法人」、その傘下にないものを「単立宗教法人」といいます。

宗教法人の分類

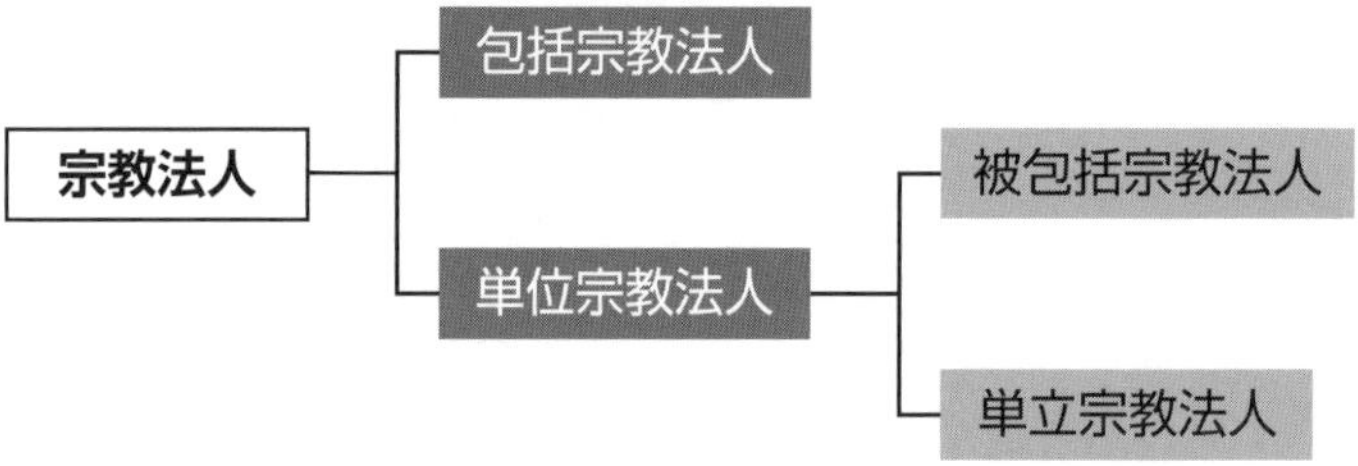

SECTION 31

宗教法人に対する文科相・知事の権限

ポイント
文部科学大臣、都道府県知事は、宗教法人の「所轄庁」として、認証およびその取消し、報告徴収、質問などを行う権限が認められています。

法人の認証等を行う行政機関を「所轄庁」と呼びます。宗教法人の所轄庁は、その主たる事務所の所在地を管轄する都道府県知事ですが（宗教法人法第5条第1項）、他の都道府県に境内建物を備える宗教法人等は文部科学大臣となります（同条第2項）。端的に言えば、一の都道府県のみで活動する宗教法人は都道府県知事が、二以上の都道府県で活動する宗教法人は文部科学大臣がそれぞれ、所轄庁となります。

必要最小の行政権限

宗教法人法は、宗教法人の自由な活動を保障することを目的としています。所轄庁である文部科学大臣、都道府県知事が宗教的事項に関与することを禁止するとともに、一般的な監督・是正の命令権、調査権を認めていません（宗教法人法第85条）。救済二法（案）の審査、審議のさい、旧統一教会が寄附の返還を免れるために行っていた念書の作成や録画を止めるように指導するべきとの意見が質疑者（議員）から繰り返し出ていましたが、行政指導に類する件に関して政府答弁が終始慎重であったのはこの規定の存在があります。

所轄庁の5つの権限

所轄庁（文部科学大臣、都道府県知事）の権限は、次のとおりです。

第一に、規則の認証、その変更の認証です（宗教法人法第14条、第28条）。認証とは「一定の行為又は文書の成立あるいは記載が正当な手続によってなされたことを公の機関が確認、証明すること」です。認証は、一般的に禁止されている行為（車の運転など）を行政機関が認める許可とは異なり、公権力の介入の度合いが小さくなります。

第二に、報告徴収・質問権です（宗教法人法第78条の2）。以下の第三から第五までの権限行使の事由に該当する疑いがある場合、所轄庁は宗教法人審議会（第71条以下）

に諮問し、答申(質問の内容を妥当と認めるといった内容)を得たうえで、前記の権限を適正に行使するための判断の基礎となる客観的な資料を得るために、当該宗教法人から報告を求め、または当該宗教法人の代表役員など関係者に質問を行うことができます。詳しくは、セクション32で解説します。

第三は、公益事業以外の事業の停止命令です(宗教法人法第79条)。宗教法人が、公益事業以外の事業を法人の目的に反して実施をしたり、その事業による収益を当該宗教法人や関係する宗教法人等以外に使用している場合に、所轄庁は1年以内の期間を限って、その事業の停止を命じること

宗教法人の数

		包括宗教法人	単位宗教法人	合計
文科相所轄	神道系	121	91	212
	仏教系	156	330	486
	キリスト教系	66	261	327
	諸教	26	102	128
知事所轄	神道系	6	84,225	84,231
	仏教系	11	76,444	76,455
	キリスト教系	7	4,504	4,511
	諸教	1	13,601	13,602
計		394	179,558	179,952

(引用元)文化庁『宗教年鑑 令和4年版』33頁
https://www.bunka.go.jp/tokei_hakusho_shuppan/hakusho_nenjihokokusho/shukyo_nenkan/pdf/r04nenkan.pdf

ができます。

第四は、認証の取消しです（宗教法人法第80条）。所轄庁は、設立を認証した宗教法人が宗教団体でないことが判明した場合、認証書を交付してから1年以内に限り、宗教法人審議会の意見を聞いた上で、当該認証を取り消すことができます。

第五は、解散命令の請求です（宗教法人法第81条）。所轄庁は、宗教法人に一定の事由が認められる場合には、裁判所に対して当該法人の解散命令を請求することができます。所轄庁ができるのは解散命令の「請求」にとどまり、解散の決定そのものではありません。詳しくは、セクション34、35で解説します。

SECTION 32 報告徴収・質問権の行使

ポイント
宗教法人に対する報告徴収・質問権の規定は、1995年の宗教法人法改正で追加されたものです。解散命令請求などの事由に該当する疑いがある場合、その判断の基礎となる資料を把握するために設けられたものです。

セクション31で解説したとおり、宗教法人の所轄庁（文部科学大臣、都道府県知事）には5つの権限が認められています。

このうち、報告徴収・質問権（宗教法人法第78条の2）は、ニュースでもしばしば取り上げられ、聞いたことがあるでしょう。オウム真理教事件が契機となり、宗教法人法の一部を改正する法律（1995年12月15日法律第134号、1996年9月15日施行）によって追加された規定です。収益事業の停止命令（第1項第1号）、認証の取消し（同項第2号）、解散命令（同項第3号）に該当する疑いがある場合、その判断の基礎となる客観的な資料を把握するために設けられたものです。

第78条の2【報告及び質問】

① 所轄庁は、宗教法人について次の各号の一に該当する疑いがあると認めるときは、この法律を施行するため必要な限度において、当該宗教法人の業務又は事業の管理運営に関する事項に関し、当該宗教法人に対し報告を求め、又は当該職員に当該宗教法人の代表役員、責任役員その他の関係者に対し質問させることができる。この場合において、当該職員が質問するために当該宗教法人の施設に立ち入るときは、当該宗教法人の代表役員、責任役員その他の関係者の同意を得なければならない。

一 当該宗教法人が行う公益事業以外の事業について第6条第2項の規定に違反する事実があること。

二 第14条第1項又は第39条第1項の規定による認証をした場合において、当該宗教法人について第14条第1項第1号又は第39条第1項第3号に掲げる要件を欠いていること。

三　当該宗教法人について第81条第1項第1号から第4号までの一に該当する事由があること。

②　前項の規定により報告を求め、又は当該職員に質問させようとする場合においては、所轄庁は、当該所轄庁が文部科学大臣であるときはあらかじめ宗教法人審議会に諮問してその意見を聞き、当該所轄庁が都道府県知事であるときはあらかじめ文部科学大臣を通じて宗教法人審議会の意見を聞かなければならない。

③　前項の場合においては、文部科学大臣は、報告を求め、又は当該職員に質問させる事項及び理由を宗教法人審議会に示して、その意見を聞かなければならない。

④　所轄庁は、第1項の規定により報告を求め、又は当該職員に質問させる場合には、宗教法人の宗教上の特性及び慣習を尊重し、信教の自由を妨げることがないように特に留意しなければならない。

⑤　第1項の規定により質問する当該職員は、その身分を示す証明書を携帯し、宗教法人の代表役員、責任役員その他の関係者に提示しなければならない。

⑥　第1項の規定による権限は、犯罪捜査のために認められたものと解釈してはならない。

第1項第1号は、収益事業の停止命令を行う場合です。

この点、第6条第2項は「宗教法人は、その目的に反しない限り、公益事業以外の事業を行うことができる。この場合において、収益を生じたときは、これを当該宗教法人、当該宗教法人を包括する宗教団体又は当該宗教法人が援助する宗教法人若しくは公益事業のために使用しなければならない」とし、第79条第1項は「所轄庁は、宗教法人が行う公益事業以外の事業について第6条第2項の規定に違反する事実があると認めたときは、当該宗教法人に対し、1年以内の期間を限りその事業の停止を命ずることができる」と定めています。つまり、第6条第2項違反に基づく、収益事業の停止命令を行う場合です。

第1項第2号は、認証の取消しを行う場合です。

第14条第1項第1号、第39条第1項第3号はいずれも、宗教団体としての該当性を指します。第80条第1項は「所轄庁は、第14条第1項又は第39条第1項の規定による認証をした場合において、当該認証に係る事案が第14条第1項第1号又は第39条第1項第3号に掲げる要件を欠いていることが判明したときは、当該認証に関する認証書を交付した日から1年以内に限り、当該認証を取り消すことができる」と定めています。

第1項第3号は、解散命令の請求を行う場合です。第81条第1項第1号から第4号までは、「法令に違反して、著しく公共の福祉を害すると明らかに認められる行為をしたこと」「第2条に規定する宗教団体の目的を著しく逸脱した行為をしたこと又は1年以上にわたってその目的のための行為をしないこと」「当該宗教法人が第2条第1号に掲げる宗教団体である場合には、礼拝の施設が滅失し、やむを得ない事由がないのにその滅失後2年以上にわたってその施設を備えないこと」「1年以上にわたって代表役員及びその代務者を欠いていること」を定めています。旧統一教会の問題では、第1号の該当性が焦点となりました。セクション34で解説します。

宗教法人審議会への必要的諮問など

所轄庁が報告徴収・質問権を行使しようとする場合には、あらかじめ宗教法人審議会の意見を聞かなければなりません（第3項）。文部科学大臣がその内容について諮問し、審議会からの答申を受ける形式が取られます。

報告徴収・質問権を行使する際には、宗教法人の宗教上の特性及び慣習を尊重し、信教の自由を妨げることがないように特に留意しなければなりません（第4項）。また、同様の趣旨で、犯罪捜査のために認められたものと解釈してはならない、とされています（第6項）。

配慮義務・禁止行為違反（不当寄附勧誘防止法）との関係

政府見解は、宗教法人にセクション07～09で解説した配慮義務・禁止行為違反が認められる場合、解散命令請求を視野に入れた報告徴収・質問権行使の端緒となり得ることを認めています。この限りで、不当寄附勧誘防止法と宗教法人法との間には有機的な連関があります。報告徴収・質問権行使の実効性を上げるためには、配慮義務違反に当たる事実をいかに集約するか、消費者庁（全国の消費生活センター）と文化庁との情報共有、連携が鍵を握っていると言えます。

SECTION 33

質問権行使の一般的な基準と経過

ポイント

報告徴収・質問権を行使するための要件に関しては、法令違反行為等に関する「組織性」「悪質性」「継続性」の3つがキーワードです。旧統一教会に対しては2022年11月22日の初回以降、7回にわたって行使されました。

所轄庁による報告徴収・質問権の行使は、宗教法人に対する解散命令の請求を視野に入れる場合が含まれます（宗教法人法第78条の2第1項第3号、第81条第1項第1号〜第4号）。

第81条の規定についての解説と重なりますが、「法令に違反して、著しく公共の福祉を害すると明らかに認められる行為をしたこと」（第1号）、「第2条に規定する宗教団体の目的を著しく逸脱した行為をしたこと又は1年以上にわたってその目的のための行為をしないこと」（第2号）、「当該宗教法人が第2条第1号に掲げる宗教団

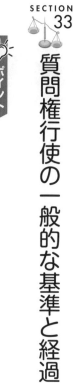

体である場合には、礼拝の施設が滅失し、やむを得ない事由がないのにその滅失後2年以上にわたってその施設を備えないこと」(第3号)、「1年以上にわたって代表役員及びその代務者を欠いていること」(第4号)といった事由が定められているところ、第2号後段、第3号、第4号は客観的な事実に基づいて判断することができますが、第1号、第2号前段は抽象的な書きぶりで、まずは権限行使のための一般的な基準が必要となります。

その一般的な基準に従い、どのような事実があれば該当するのか、個別具体的な事例を踏まえて判断することになります。

一般的な基準づくり

宗教法人制度の運用等に関する調査研究協力者会議は2022年11月8日、「報告徴収・質問権を行使する際の一般的な基準」を策定しました。冒頭部分で「報告徴収・質問権を行使して把握した事実関係等を踏まえ、その個別事案に応じて、行為の組織性、悪質性、継続性等が認められるか否かを判断していく」と、明確に述べています。

所轄庁である文部科学大臣としては、個別の宗教法人について解散命令請求を検討するに当たっては、報告徴収・質問権を行使して把握した事実関係等を踏まえ、その個別事案に応じて、行為の組織性、悪質性、継続性等が認められるか否かを判断していくことになる。

報告徴収・質問権を行使するに当たって、所轄庁が宗教法人法に定める解散命令請求事由に該当するような事態についての「疑い」があると判断するためには、行為の組織性、悪質性、継続性等を把握する上で、その端緒となる事実がなければならない。その判断は、以下のとおり行うことが妥当である。

1　「法令に違反して、著しく公共の福祉を害すると明らかに認められる行為をしたこと」について疑いがある場合（法第81条第1項第1号関係）

「法令に違反して、著しく公共の福祉を害すると明らかに認められる行為をしたこと」について「疑い」があるか否かの判断については、以下（1）及び（2）により行うことが妥当である。

（1）「疑い」を判断する根拠

「疑い」とは様々な水準のものが想定されるが、風評等によらず、客観的な資料、根拠に基づいて判断することが妥当である。
したがって、風評や一方当事者の言い分のみで判断するのではなく
・公的機関において当該法人に属する者による法令違反や当該法人の法的責任を認める判断があること
・公的機関に対し、当該法人に属する者による法令違反に関する情報が寄せられており、それらに具体的な資料か根拠があると認めるものが含まれていること
・それらと同様に疑いを認めるだけの客観的な資料、根拠があること
のいずれかに該当する場合に「疑い」を判断することが妥当である。
（2）「著しく公共の福祉を害する」という要件との関連性
「著しく公共の福祉を害する」という要件に該当する「疑い」も必要であることから、偶発性の法令違反や、一回性の法令違反により直ちに「疑い」があるとすることは相当ではない。

そのため、
・当該法人に属する者による同様の行為が相当数繰り返されている

・当該法人に属する者の行為による被害が重大であるなど、法令違反による広範な被害や重大な影響が生じている「疑い」があると認められることが必要である。

2　「第2条に規定する宗教団体の目的を著しく逸脱した行為をしたこと」について「疑い」がある場合（法第81条第1項第2号前段）

「第2条に規定する宗教団体の目的を著しく逸脱した行為をしたこと」について「疑い」があるか否かの判断については、宗教法人法第78条の2第4項の規定の趣旨に特に留意して、以下（1）及び（2）により行うことが妥当である。

（1）「疑い」を判断する根拠

この疑いについても、客観的な資料によることとし、一方当事者からの申告のみによるのでなく、客観的な資料、根拠により「疑い」があると判断することが妥当である。

（2）「著しく逸脱した行為」という要件との関連性

「著しく逸脱した行為」という規定になっていることから、目的の範囲を超えた行為があったとしても、その行為により直ちに要件に該当するわけではなく、その程度が問題となる。
そのため、「著しく逸脱」したものか否かの判断は、
・目的の範囲を超えた行為による結果、影響の内容及び程度
・目的の範囲を超えた行為を行った動機、理由
・同様の目的の範囲外の行為の反復性、継続性の程度
などを総合的に判断することとなる。
したがって、このような観点で、「著しく逸脱」したものである「疑い」があると認められることが必要である。

報告徴収・質問権の行使の経過

文化庁は、旧統一教会に対して、２０２２年11月22日、12月14日、２０２３年1月18日、3月1日、3月28日、5月24日および7月26日の7回にわたって報告徴収・質問権を行使しました。

もっとも、その質問、回答の内容は公開されていません。政府（文化庁）において、

効果的な権限行使の妨げになるという判断があるとみられますが、国民の関心が高いことにも配慮し、秘密会（国会法第52条第2項）として、衆参の関係する委員会には一定の情報を提示すべきであったと考えます。今後の課題です。

	年月日	概要（NHKほか報道による）
1	2022年11月22日	法人の組織運営や収支、財産等
2	同年12月14日	教団が関わった民事裁判、コンプライアンス等
3	2023年1月18日	献金の関係、海外への資金の受け渡し、組織運営、予算や財産関連、給与手当や退職金など（およそ80項目）
4	同年3月1日	施設の管理運営、信者の集まり、収支など（およそ110項目）
5	同年3月28日	示談の例、施設の管理運営、信者の集まりなど（203項目）
6	同年5月24日	組織運営、財産、献金、施設の管理運営など（156項目）
7	同年7月26日	組織運営、法人が関わる裁判など（97項目）

SECTION 34

宗教法人解散の制度

ポイント

宗教法人の所轄庁が有する権限として最も効果が強いのが、解散命令の「請求」です（宗教法人法第81条）。今回の旧統一教会に対するものを含め、3回行われています。

宗教法人法第81条は、法人の解散命令について定めています。第1項第1号「法令に違反」「著しく公共の福祉を害すると明らかに認められる行為」の意義、判断の基準、方法については、セクション32（報告徴収・質問権）で解説した内容と共通します。法人格を奪う甚大な効果を及ぼすことから、その手続き（要件）は厳格に定められ、慎重な運用が求められています。

まず、解散命令を行う主体は裁判所です。所轄庁（文部科学大臣、都道府県知事）、利害関係人、検察官の請求または職権（裁判所自らの権限）で、解散命令の決定を行います。

第81条【解散命令】

① 裁判所は、宗教法人について左の各号の一に該当する事由があると認めたときは、所轄庁、利害関係人若しくは検察官の請求により又は職権で、その解散を命ずることができる。

一 法令に違反して、著しく公共の福祉を害すると明らかに認められる行為をしたこと。

二 第2条に規定する宗教団体の目的を著しく逸脱した行為をしたこと又は1年以上にわたつてその目的のための行為をしないこと。

三 当該宗教法人が第2条第1号に掲げる宗教団体である場合には、礼拝の施設が滅失し、やむを得ない事由がないのにその滅失後2年以上にわたつてその施設を備えないこと。

四 1年以上にわたつて代表役員及びその代務者を欠いていること。

五 第14条第1項又は第39条第1項の規定による認証に関する認証書を交付した日から1年を経過している場合において、当該宗教法人について第14条第1項第1号又は第39条第1項第3号に掲げる要件を欠いていることが判明したこと。

② 前項に規定する事件は、当該宗教法人の主たる事務所の所在地を管轄する地方裁判所の管轄とする。
③〜⑦（略）

解散命令請求が行われた例は、表のとおりです。3例しかありません。

1は殺人等、2は詐欺の犯罪事実が、宗教法人法第81条第1項第1号「法令に違反して、著しく公共の福祉を害すると明らかに認められる行為をした」に該当すると判断されました。1、2いずれの事件も、特別抗告により最高裁まで争われてい

対象法人	請求年月日	決定年月日
1. オウム真理教（東京都）	1995年6月30日 東京地方検察庁、東京都	1995年10月30日東京地裁、1995年12月19日東京高裁（即時抗告棄却）、1996年1月30日最高裁（特別抗告棄却）
2. 明覚寺（和歌山県）	1999年12月16日 文化庁	2002年1月24日和歌山地裁、2002年9月27日大阪高裁（即時抗告棄却）、2002年12月12日最高裁（特別抗告棄却）
3. 旧統一教会（東京都）	2023年10月13日 文化庁	（未定）非訟事件訴訟法の規定に従い、解散命令を決定するかどうか、非公開で審理が行われる。

ます。3については、次のセクション35で取り上げます。

任意解散も可能

一般論としてですが、解散命令が行われるかどうかに関わらず、その前に宗教法人自身の判断で任意解散をすることも可能です（第43条第1項）。法人格を有しなくとも、一般の団体として宗教的活動を行うことは当然認められます。

この場合、解散について所轄庁の認証が必要であり（第44条第1項）、その効力は認証書の交付によって生じます（第47条）。

第43条【解散の事由】
① 宗教法人は、任意に解散することができる。
②・③（略）
第44条【任意解散の手続】
① 宗教法人は、前条第1項の規定による解散をしようとするときは、第2項及

び第3項の規定による手続をした後、その解散について所轄庁の認証を受けなければならない。

②・③(略)

第47条【任意解散の時期】宗教法人の第43条第1項の規定による解散は、当該解散に関する認証書の交付によつてその効力を生ずる。

SECTION 35

解散命令請求をめぐる政府の動き

ポイント

政府（文化庁）は宗教法人法の規定に基づき、旧統一教会に対する報告徴収・質問権を7回にわたって行使し（第78条の2第1項第3号、第81条第1項第1号）、得られた情報等を元にして、2023年10月13日、東京地裁に対して解散命令の請求を行いました。

セクション32、33で解説したとおり、宗教法人が「法令に違反して、著しく公共の福祉を害すると明らかに認められる行為をしたこと」（宗教法人法第81条第1項第1号）が認められる場合、所轄庁は裁判所に対して当該法人の解散命令請求を行うことができます。具体的には、「報告徴収・質問権を行使して把握した事実関係等を踏まえ、その個別事案に応じて、行為の組織性、悪質性、継続性等が認められるか否かを判断していく」ことになります（2022年11月8日策定の一般的基準）。報告徴収・質問権は、計7回行使されました。

　政府はまた、「法令に違反」とは刑法上の犯罪を行った場合だけではなく「民法上の不法行為も含まれる」ものと、その解釈（当てはめ）を変更しています（2022年10月19日、参議院予算委員会における岸田総理答弁）。この政府による解釈変更によって、不法行為責任が争われ、裁判で確定した事案を、解散命令請求を行うに足る事実として広く含めることとしたのです。

　以上の経緯を踏まえ、所轄庁である文部科学大臣は2023年10月13日、旧統一教会に係る解散命令の請求を東京地方裁判所に申し立てました。その前日、盛山文科相が行った臨時会見では、解散命令の該当事由として、①法令に違反して、著しく公共の福祉を害すると明らかに認められる行為をしたこと（宗教法人法第81条第1項第1号）、②宗教法人法第2条に規定する宗教団体の目的を著しく逸脱する行為をしたこと（同項第2号前段）の2つを挙げています（後掲）。

審理は「非公開」で行われる

　今後、非訟事件訴訟法の規定に従って、解散命令を決定するかどうか、非公開での審理が行われます。過去2例がそうであったように、最終的には最高裁判所まで争うことが可能で、決定まで数年を要するとも見込まれています。事実の認定はもとより、前述の政府解釈(「法令に違反」とは、民法上の不法行為も含まれる)が憲法、宗教法人法に適合しているのかどうかも争点となります(最高裁の判例が確定しているわけではないからです)。

盛山文科相臨時記者会見(2023年10月12日) ※解散命令請求の前日

先ほど宗教法人審議会が終了し、宗教法人世界平和統一家庭連合に対し、解散命令請求を行うことについて、解散命令請求は相当であるとの全会一致の御意見でありました。私としましては、明日以降、準備ができ次第、速やかに東京地方裁判所に対し解散命令請求を行いたいと考えております。

請求の判断に至った経緯や理由について御説明をいたします。解散命令事由は、宗教法人法に厳格に定められており、この事由に該当するかの判断にあたっては、法人の活動に係る十分な実態把握と具体的な証拠の積み上げが不可欠でした。そのため、文化庁では昨年11月以降、7回にわたる報告徴収・質問権の行使のほか、全国霊感商法対策弁護士連絡会や被害者の方々からの情報収集等の対応を丁寧に進めてまいりました。例えば、被害者からの情報収集では、170名を超える全国の被害者等の方々から個別の経緯や被害状況を伺うなどしてきましたが、長期間にわたり被害を受けられている場合や御自身の気持ちの整理に丁寧に向き合う必要がある場合など、様々な御事情がある中、文化庁として個々の心情に最大限配慮しながらの対応を行ってまいりました。

次に解散命令の請求の理由について御説明いたします。旧統一教会は、遅くとも昭和55年頃から長期間にわたり継続的に、その信者が多数の方々に対し相手方の自由な意思決定に制限を加え、相手方の正常な判断が妨げられる状態で献金や物品の購入をさせ、多くの方々に多額の損害を被らせ、親族を含む多くの方々の生活の平穏を害する行為を行いました。被害の規模という点で申し上げますと、不法行為として旧統一教会に対する損害賠償請求を認容する民事判決は、文化庁において把握した限りでは32件であり、一審で請求が認容されるなどした被害者の総数は169人、認容等をされた総額は約22億円、1人当たりの平均金額は約1320万円におよびます。これに訴訟上の和解、訴訟外の事案も加えると、全体として約1550人につき、解決金等の総額は約204億円、1人当たりの平均額は約1310万円にのぼります。さらに言えば、被害はその金額が示すものに留まりません。人により様々ではありますが、献金のために保険金や退職金など、将来への蓄えを費消してしまい、あるいは家族に無断で貯金を使ってしまうなど、家族を含めた経済状態を悪化させ、将来の生活に悪影響を及ぼし、また献金しなければならないとの不安に陥ったり、家族関係が悪化するなど、本人や親族に与えた精神的な損害も相当甚大であると考えられます。このような旧統一教会の行為は、民法の不当行為（原文ママ・筆者註）に該当し、その被害も甚大であることを踏まえると、宗教法人法第81条第1項第1号に定める解散命令事由に該当すると認めました。また、宗教法人が公益法人である理由は、宗教活動によって不特定多数者に精神的安定等を与えて社会に貢献すると期待されていることにあります。ところが、旧統一教会の行為は、財産的利得を目的として献金の獲得や物品販売にあたり、多くの方々を不安や困惑に落とし入れ、その親族を含む多くの方々に財産的・精神的自制を余儀なくさせて、その生活の平穏を害するものでした。したがって、これらの行為は宗教法人の目的を著しく逸脱するものであり、宗教法人法第81条第1項第2号前段に定める解散命令事由にも該当すると認めました。そして、これらの献金勧誘行為等は、旧統一教会の業務ないし活動として行ったものであり、宗教法人世界平和統一家庭連合の行為と評価できるものです。

これらの理由に基づきまして、冒頭申し上げたとおり、旧統一教会は文化庁が収集し精査した事実によれば、宗教法人法第81条第1項第1号及び第2号前段に定める解散命令事由に該当することから、所轄庁として解散命令請求を行うことと判断したものでございます。

なお、本解散命令請求を行うに当たって、文化庁では収集した証拠を報告書として体系的に整理して分析を行い、それを基に検討を加えて申立書を作成しました。収集・分析し裁判所に提出する証拠は約５０００点におよびます。解散命令請求を行う判断については、審議会終了後、先ほどですが、総理に電話で一報いたしました。より詳細につきましてはこの後、総理に報告に伺う予定です。今後、裁判所で審理が行われますが、文部科学省として万全の対応を取ってまいる、そんなふうに考えております。私のほうからは以上です。

（出典）文部科学省ウェブサイト https://www.mext.go.jp/b_menu/daijin/detail/mext_00420.html

第7章

今後の課題

SECTION 36

衆参特別委員会の附帯決議で示された事項

ポイント

附帯決議とは、衆参の委員会において法案を採決（審査を終了）した後に、法律が施行された後の運用のあり方、条文の解釈、今後検討すべき課題などに関する事項を議決するものです。その内容に、法的な拘束力はありません。

救済二法案の審査は、衆議院、参議院の消費者問題特別委員会において行われました（衆は２０２２年12月６日から８日までの三日間、参は９日・10日の二日間）。各々の委員会で、法案審査を終了した後、以下の項目からなる「附帯決議」が行われています（衆12項目、参16項目）。

主語がはっきりしない項目もみられますが、憲法第73条第１号が内閣の職務として「法律を誠実に執行すること」を掲げていることなどを踏まえ、その内容は基本的に、政府に対して向けられています。法律の運用のあり方、条文の解釈の仕方、その他留意すべき事項、今後検討すべき課題などが広く含まれています。附帯決議を行うかどうかは任意です。

附帯決議の内容に、法的拘束力は認められません。決議に示された事項であるからといって、当該法律の一部を成すものでもなく、政府はその内容に従わなければならない義務が課されたわけではありません。あくまで政治的なレベルで決議の内容に対応することが要請されたものと、柔軟に理解する必要があります。この点、委員会で附帯決議が行われた後には、法案を所管する国務大臣が「ただいま御決議されました附帯決議の内容を十分に尊重してまいります」と発言することが慣例となっています。

国会は、附帯決議を以て法律の運用等を政府に任せきりにすることなく、各事項の内容、社会情勢の変化を捉えて、運用を注視し、必要な改正を重ねていかなければなりません。これこそ、立法府としての責務です。

衆議院消費者問題に関する特別委員会・附帯決議(2022年12月8日)12項目(見直しの検討)

①　法人等による寄附の不当な勧誘の防止等に関する法律附則第5条の検討に当たっては、国会における審議において実効性に課題が示された点について検討し、必要な措置を講ずること。

（行政措置の基準と配慮義務の内容の周知）

②　円滑な法運用を可能とすべく、法施行後、政府は速やかに行政措置の基準を示すとともに、配慮義務の内容についても具体例を示すなどして周知すること。

（取消権、配慮義務に関する解釈の周知）

③　効果的に取消権の行使や配慮義務規定の活用ができるようにするため、政府は、法人等による寄附の不当な勧誘の防止等に関する法律案（以下「新法」という。）及び消費者契約法改正案の国会における審議を踏まえて、その解釈について、十分な周知をすること。

（行政措置の実効性確保）

④　禁止行為の違反に対する法人等への勧告・命令を実効あるものとするため、罰則の適用に当たっては、実行者のみが制裁対象となることがないよう両罰規定を設けた趣旨を踏まえ、新法の規定内容・趣旨について、関係機関等に対

して周知すること。

（取消権、債権者代位権の行使の支援）

⑤　悪質な勧誘行為を受けたことにより、取消権又は債権者代位権を有している者が、実際にはその取消権又は債権者代位権を行使することができない事態が生じないよう、きめ細やかな相談体制を構築すると共に、相談体制の整備にとどまらず、権利行使の実効性確保に必要な支援措置を十分に講ずること。

（未成年の子の援助）

⑥　親権者が寄附をしている場合には未成年の子が債権者代位権を行使することは困難であることから、未成年者の子の援助を充実すること。

（法テラスの活用）

⑦　法テラスの活用については、相談体制を整備すると共に、被害回復に向けた返還請求訴訟等につなげるよう、利用者にとって必要な支援措置を十分講ずること。

（心理専門家等に対する支援）

⑧　親族間の問題、心の悩み、宗教二世を含む子どもが抱える問題等の解決に向

け、法的支援にとどまらず、心理専門家によるカウンセリング等の精神的支援、児童虐待や生活困窮問題の解決に向けた支援等を一体的、迅速に提供するなどの支援体制を構築すること。

（条文解説、Q＆A等の迅速な公表）

⑨　円滑な法運用を可能とすべく、法施行後、政府は速やかに、条文解説、Q＆Aなどを作成し、ホームページ等において公表すること。また、禁止行為の違反に対する行政措置については、当該措置が十分に機能するよう体制を整備すること。

（消費者契約法の見直し）

⑩　消費者契約法については、行政措置を導入して民事ルールと相まって被害の防止救済を実現しようとする新法の意義や配慮義務その他の規定に関わる新法の成立過程における国会での議論を踏まえて、第208回国会における附帯決議で求められた同法の消費者法令における役割を多角的見地から整理し、見直した上で、既存の枠組みにとらわれない抜本的かつ網羅的なルール設定のあり方について検討を進めること。

（適格消費者団体に対する幅広い情報提供）
⑪ 消費者契約法第40条により、独立行政法人国民生活センター及び地方公共団体が、適格消費者団体に対し提供する消費者紛争に関する情報を内閣府令で定める際には、消費者取引に関連する幅広い情報が提供できるよう検討すること。
（消費者紛争の当事者である事業者名の迅速な公表）
⑫ 独立行政法人国民生活センターは、独立行政法人国民生活センター法第42条第2項による公表について、消費者被害の拡大を防ぐため、事業者の名称を迅速に公表することができるよう体制を整備すること。

※各見出しは、筆者が付した。

参議院消費者問題に関する特別委員会・附帯決議（2022年12月10日）16項目
（見直しの検討）
① 法人等による寄附の不当な勧誘の防止等に関する法律附則第5条の検討に

当たっては、国会における審議において実効性に課題が示された点について検討し、必要な措置を講ずること。その際、不当な勧誘行為による被害者、被害対策に携わる弁護士等関係者を含む多様な者の意見を聴取しつつ、検討を進めること。

（行政措置の基準と配慮義務の内容の周知）

② 円滑な法運用を可能とすべく、法施行後、政府は速やかに行政措置の基準を示すとともに、配慮義務の内容についても具体例を示すなどして周知すること。また、配慮義務規定に定められた自由な意思を抑圧し、適切な判断ができない状況等の具体例について、継続的に事例の収集、分析を行うこと。

（取消権、配慮義務に関する解釈の周知）

③ 衆議院附帯決議③と同じ。

（寄附勧誘の不当行為該当性）

④ 新法が、寄附勧誘の不法行為該当性に関してこれまで裁判所で示されてきた解釈を限定する趣旨のものではないことを確認し、周知徹底すること。

（行政措置の実効性確保）

⑤ 衆議院附帯決議④と同じ。

（取消権、債権者代位権の行使の支援）

⑥ 悪質な勧誘行為を受けたことにより、取消権又は債権者代位権を有している者が、実際にはその取消権又は債権者代位権を行使することができない事態が生じないよう、法テラス等においてきめ細かな相談体制を構築するとともに、相談体制の整備に留まらず、権利行使の実効性確保に必要な支援措置を十分に講ずること。その上で、活用状況の確認をしつつ必要な措置を講ずること。

（未成年の子の援助）

⑦ 衆議院附帯決議⑥と同じ。

（家族による財産保全、管理）

⑧ 霊感商法等の悪質商法への対策検討会で示された家族による財産保全又は管理の制度について現状や課題を把握し、必要な検討を行うこと。

（関係機関等との連携、体制の拡充）

⑨ 国は、法人等からの不当な勧誘により寄附をした者等の実効的救済を図るため、日本司法支援センターを中核とする関係機関及び関係団体等相互間の

連携を緊密に図り、包括的な支援体制の整備・強化及びその周知広報を徹底するとともに、償還免除の拡大、給付制の導入、常勤弁護士や契約弁護士の積極的活用等を含め、民事法律扶助制度の充実・強化やこれを実現するための日本司法支援センターの人的・物的体制の拡充に向けた検討を進め、必要な措置を講ずること。

（心理専門家、宗教二世等への支援）

⑩ 親族間の問題、心の悩み、宗教二世を含むこどもが抱える問題等の解決に向け、法的支援にとどまらず、心理専門家によるカウンセリング等の精神的支援、児童虐待や生活困窮問題の解決に向けた支援等を一体的・迅速に提供するなどの支援体制を構築すること。成人した宗教二世についても、親子間の葛藤や心の悩み、就職等を含め社会参画の困難性を抱えていることから、同様の支援や、就労の支援等の支援体制を構築すること。

（新法適用外の被害者支援）

⑪ 不当な勧誘行為によって、既に多くの被害者やその家族が困窮している現状に鑑み、新法の適用外となる被害者等に対する支援について検討し、必要な

措置をできるだけ速やかに講ずること。また、被害者等を支援する団体や困惑からの回復を支援する団体に対する支援についても検討し、措置すること。

(条文解説、Q＆A等の迅速な公表)

⑫ 円滑な法運用を可能とすべく、法施行後、政府は速やかに国会での答弁内容を含めて条文解説、Q＆Aなどを作成し、消費者、事業者、各種の裁判外紛争処理機関、都道府県及び市区町村における消費者行政担当者等に十分周知し、ホームページ等において公表すること。また、禁止行為の違反に対する行政措置については、当該措置が十分に機能するよう体制を整備すること。

(消費者契約法の見直し)

⑬ 行政措置を導入して民事ルールと相まって被害の防止・救済を実現しようとする新法の意義や配慮義務その他の規定に係る新法の成立過程における国会での議論も踏まえて、第208回国会における附帯決議で求められた、消費者契約法の消費者法令における役割を多角的見地から整理し直した上で、既存の枠組みに捉われない抜本的かつ網羅的なルール設定の在り方についての検討をすすめること。

（適格消費者団体に対する幅広い情報提供）

⑭　衆議院附帯決議⑪と同じ。

（消費者紛争の当事者である事業者名の迅速な公表）

⑮　衆議院附帯決議⑫と同じ。

（地方消費者行政の充実・強化）

⑯　地方消費者行政の体制の充実・強化のため、恒久的な財政支援策を検討するとともに、消費者行政担当者及び消費生活相談員に対する研修の充実、消費生活相談員の処遇改善等による人材の確保その他適切な施策を実施すること。

※各見出しは、筆者が付した。

SECTION 37

宗教的虐待の防止

ポイント

保護者が、たとえ信仰上の理由に基づくものであっても、子(18歳未満の児童)に対して児童虐待防止法第2条(第1号から第4号まで)に該当する行為を行えば、「虐待」となります。政府(厚生労働省)は2022年12月27日、虐待相談の対応に関するQ&Aを公表し、宗教的虐待に該当する事例、判断対応の周知徹底を図っています。また、2022年の民法改正により、親権の内容から「懲戒」が除外されました。「しつけ」に名を借りた虐待は、法律上禁止されています。

過去、児童虐待の相談をめぐっては、保護者の信仰を理由として、その窓口で「消極的な対応」をされた体験を持つ宗教二世の方が少なくありません。旧統一教会問題をめぐっては、その苛烈な生活ぶりも報じられ、社会的な認知がようやく進んできたところです。

まず確認しなければならないのが、保護者が子に対して、児童虐待防止法（2000年5月24日法律第82号）第2条に該当する行為を行えば、信仰上の理由に基づくものであっても「虐待」となる点です。児童虐待には「宗教的虐待」も含まれます。

第2条【児童虐待の定義】 この法律において、「児童虐待」とは、保護者（親権を行う者、未成年後見人その他の者で、児童を現に監護するものをいう。以下同じ。）がその監護する児童（18歳に満たない者をいう。以下同じ。）について行う次に掲げる行為をいう。

一　児童の身体に外傷が生じ、又は生じるおそれのある暴行を加えること。

二　児童にわいせつな行為をすること又は児童をしてわいせつな行為をさせること。

三　児童の心身の正常な発達を妨げるような著しい減食又は長時間の放置、保護者以外の同居人による前2号又は次号に掲げる行為と同様の行為の放置その他の保護者としての監護を著しく怠ること。

四　児童に対する著しい暴言又は著しく拒絶的な対応、児童が同居する家庭における配偶者に対する暴力(配偶者(婚姻の届出をしていないが、事実上婚姻関係と同様の事情にある者を含む。)の身体に対する不法な攻撃であって生命又は身体に危害を及ぼすもの及びこれに準ずる心身に有害な影響を及ぼす言動をいう。)その他の児童に著しい心理的外傷を与える言動を行うこと。

例えば、①身体的暴行を加えることは「身体的虐待」に、②性的行為を強要することは「性的虐待」に、③適切な食事を与えなかったり、重大な病気になっても適切に医療を受けさせないことは「ネグレクト」に、④言葉による脅迫、子どもの心・自尊心を傷つけるような言動を繰り返し行うことは「心理的虐待」に、それぞれ該当します。

行政対応としては、児童虐待の通告が行われた場合(児童虐待防止法第6条)、虐待を受けた児童を児童相談所に送致するなどの措置が取られます(同法第8条第1項第1号など)。また、都道府県知事は、児童虐待が行われているおそれがあると認めるとき、児童委員または福祉事務所職員をして、児童の住所(または居所)に立ち入り、必要な調査、質問をさせることができます(同法第9条)。

相談対応Q&Aの発出

政府（厚生労働省）は２０２２年10月６日、子ども家庭局長名での通知を全国の自治体に発出しました。信仰上の理由に基づく虐待に関する相談に、消極的な対応をするケースが過去に少なからず存在したことへの反省を踏まえ、相談業務を行う行政機関は、保護者の信仰に関連する事案であることを以て躊躇することなく、子どもの側に立って判断することを求めています。

さらに、政府（厚生労働省）は２０２２年12月27日、「宗教の信仰等に関係する児童虐待等への対応に関するQ&A」を全国の自治体に発出しました。前述（２０２２年10月６日）の通知の内容を補充するもので、①背景に宗教等（霊感その他の合理的に実証することが困難な方法により個人の不安をあおるものを含む。）の信仰があったとしても、保護者が児童虐待の定義に該当するものを行った場合には、児童の安全を確保するため、一時保護等の措置を含めた対応を講ずる必要がある、②児童虐待への該当性を判断するに当たっては、Q&Aで示す例示を機械的に当てはめるのではなく、児童や保護者の状況、生活環境等に照らし、総合的に判断する必要があり、また、その際には児童の側に立って判断すべき、という二点を確認しています。

「宗教的虐待」として児童虐待防止法第2条各号に該当する例です。

1．身体的虐待	①宗教活動へ参加することを体罰により強制する。
	②宗教的行事に参加している中で、真面目に話を聞いていなかった等の理由で叩く、鞭で打つ。
	③長時間にわたり特定の動きや姿勢を強要する、深夜まで宗教活動等への参加を強制する（※心理的虐待、ネグレクト）。
2．心理的虐待	①長時間にわたり特定の動きや姿勢を強要する、深夜まで宗教活動等への参加を強制する（※身体的虐待、ネグレクト）。
	②言葉や映像、資料により恐怖をあおる・脅す、無視する、嫌がらせする、児童本人の自由な意思決定を阻害する（※ネグレクト）。
	③交友や結婚の制限のため脅迫や拒否的な態度を示す、友人等を「敵」「サタン」等と称する。
	④童話、アニメ、漫画、ゲーム等の娯楽を一切禁止する、宗教団体等が認めたもののみに限る。
	⑤他者の前で宗教を信仰している旨の宣言を強制する、特定の宗教を信仰していることが客観的に明らかとなる装飾品等を身につけることを強制する。
	⑥言葉等により恐怖をあおる等により宗教の布教活動等を強制する。
	⑦宗教の布教活動への参加を強制するために脅迫や拒否的な態度を示す、友人等を「サタン」等と称する。

	⑧合理的な理由なく、宗教等の教義を理由に高校への就学・進学を認めない（※ネグレクト）。
	⑨大学への進学、就学に関し、言葉で脅す等により禁止すること。
	⑩児童のアルバイト代、高校・大学等への進学のための奨学金等を取り上げ、本人の意思に反し、明らかに児童の生活等につながらない目的に消費する。
	⑪適切な養育や教育機会の確保等を考慮せず、様々な学校行事等に参加することを制限する（※ネグレクト）。
	⑫奉仕活動や宣教活動（修練会、セミナー、聖地巡礼等）への参加などにより、児童の養育を著しく怠る。
	⑬言葉による脅しや無視する等の拒否的な態度をとる等により進学や就職を制限。
3．性的虐待	①教育と称し、年齢に見合わない性的な表現を含んだ資料を見せる・口頭で伝える。
	②宗教団体の職員等に対して、自身の性に関する経験等を話すように強制する（※ネグレクト）。
	①長時間にわたり特定の動きや姿勢を強要する、深夜まで宗教活動等への参加を強制する（※身体的虐待、心理的虐待）。
	②言葉や映像、資料により恐怖をあおる。
	③脅す、無視する、嫌がらせする、児童本人の自由な意思決定を阻害する（※心理的虐待）。

4．ネグレクト
④社会通念上一般的であると認められる交友を一律に制限し、児童の社会性を損なうこと（※心理的虐待）。
⑤社会的相当性を著しく逸脱する行動をとるよう唆す者がある事を認識しながら防止する行動をとらない。
⑥宗教等の信仰活動等を通じた金銭の使い込みにより、適切な住環境・衣服・食事等を提供しない、小・中学校への就学・登校・進学を困難とさせる。
⑦合理的な理由なく、宗教等の教義を理由として高校への就学・進学を認めない（※心理的虐待）。
⑧医療機関を受診させない、医師が必要と判断した治療行為（輸血等）を行わせない。
⑨適切な養育や教育機会の確保等を考慮せず、様々な学校行事等に参加することを制限する（※心理的虐待）。
⑩奉仕活動や宣教活動等の活動（修練会、セミナー、聖地巡礼等）への参加のために養育を著しく怠る。
⑪宗教団体等の施設内等において暴力行為等を受けていると知りながら、安全確保のための対応を怠る。
⑫性被害等により妊娠した女児や身体的・経済的に母胎の健康を著しく害するおそれのある女児の人工妊娠中絶に同意しない。
⑬宗教団体の職員等に対して、自身の性に関する経験等を話すように強制する（※性的虐待）。

通知の内容でも示されていますが、宗教的虐待かどうかを判断するには、児童虐待防止法第2条各号の類型に機械的に当てはめるのではなく、児童や保護者の状況、生活環境等に照らし、総合的に行う必要があります。教育機関とも連携し、Q＆Aの内容を周知し、必要な行政措置が迅速に講じられる体制づくりが課題となります。

同時期に行われた民法、児童虐待防止法の改正

国会で救済二法（案）の行方が世間の耳目を集める一方、民法等の一部を改正する法律案の審査、審議も粛々と進められていました。２０２２年12月16日に公布され（法律第１０２号）、即日施行されています。

改正法の内容は、女性の再婚期間制限の撤廃、親子関係の規定の見直しなどが柱でしたが、子に対する懲戒権を定める民法第８２２条を削除し、子の利益、人格の尊重を内容とする民法第８２１条、児童虐待防止法第14条第１項の新たな規定を置いたことが特長です。

	改正前	改正後
民法第821条【子の利益の尊重】	（新設）	親権を行う者は、前条の規定による監護及び教育をするに当たっては、子の人格を尊重することとし、その年齢及び発達の程度に配慮しなければならず、かつ体罰その他の子の心身の発達に有害な影響を及ぼす言動をしてはならない。
児童虐待防止法第14条【児童の人格の尊重等】	① 児童の親権を行う者は、児童のしつけに際して、体罰を加えることその他民法第820条の規定による監護及び教育に必要な範囲を超える行為により児童を懲戒してはならず、当該児童の親権の適切な行使に配慮しなければならない。	① 児童の親権を行う者は、児童のしつけに際して、児童の人格を尊重するとともに、その年齢及び発達の程度に配慮しなければならず、かつ、体罰その他の児童の心身の健全な発達に有害な影響を及ぼす言動をしてはならない。

削除された民法第822条【懲戒】は、「親権を行う者は、第820条の規定による監護及び教育に必要な範囲内でその子を懲戒することができる」と定めていました。かねてより、この懲戒権の規定が子の虐待を正当化する根拠として使われることがあり、適当ではないという批判がありました。

今回の改正により、民法第821条と児童虐待防止法第14条第1項の規定の内容が接近したものとなりました。親権者は、①子（児童）の人格の尊重、②年齢、発達の程度への配慮、③体罰その他の児童の心身の健全な発達に有害な影響を及ぼす言動をしてはならないこと、の3つの義務を負うことになったのです（民法は「監護及び教育」ですが、児童虐待防止法では「しつけ」という文言が当てられています）。

なお、民法等の一部を改正する法律（案）に対しては、「民法の懲戒権の規定に関しては、児童虐待の口実として使われることを防止するために当該規定の削除等が行われることを踏まえ、体罰等は許されないという認識を社会全体で共有するために積極的かつ細やかな広報活動を行うなど、本改正の趣旨についての周知徹底及び関係機関との連携に努めること」という附帯決議（衆参法務委員会で同じ内容）が付されています。「しつけ」に名を借りた虐待を許さず、社会から根絶できるよう、私たちの意識を改める努力も不可欠です。

SECTION 38

解散命令請求を受けた宗教法人の財産の保全

ポイント

特定の宗教法人が解散命令請求を受けた場合、当該法人が将来の解散（清算）を見越して、所有する財産を国内外に隠匿したり、散逸させることがあれば、過去に高額寄附を行った元信者などの被害者が金銭的救済を十分に受けられなくなるおそれが高まります。それを避けるため、裁判所による処分として「法人財産の全面的な保全」の道を開くかどうかを含め、国会で議論が続いてきましたが、第212回国会では、①被害者に対する民事法律扶助の拡充（法テラスの業務の特例）、②法人が所有する財産の処分、管理に対して監視を強化することを柱とする「特定不法行為等被害者特例法」が成立し、公布・施行されています。

解散命令請求を受けた宗教法人が、その所有する財産を国内外に隠匿したり、散逸させることがあれば（いわゆる財産隠し）、過去に高額寄附を行った元信者などの被害者が金銭的救済を十分に受けられなくなるおそれが高まります。解散命令により解散した宗教法人は、清算の手続きに入ります（宗教法人法第43条第2項第5号、第48条の2以下）。

現行の宗教法人法は、この問題に関する直接的手当てを講じていないため、国会では、被害者救済の観点からどのような対策を講ずるべきか、新規立法を視野に入れながら、議論が続けられてきました。結果、第212回国会では、衆議院会派の自由民主党・無所属の会、公明党、国民民主党・無所属クラブが共同提出した特定不法行為等被害者特例法案（正式名は、特定不法行為等に係る被害者の迅速かつ円滑な救済に資するための日本司法支援センターの業務の特例並びに宗教法人による財産の処分及び管理の特例に関する法律案）が一部修正の上、2023年12月13日に成立するに至っています。財産保全アプローチとしては個別的なもので、包括的なものではありません。以下のとおり、被害者の資力とは無関係に法律援助の対象としたり、財産処分等に対する監視を強化すること等を通じて、その救済に資するスキームを採用しています。

特定不法行為等被害者特例法の全体構造
第1章　総則（第1条・第2条）
第2章　支援センターの業務の特例（第3条－第5条）
第3章　宗教法人による財産の処分及び管理の特例
第1節　解釈規定（第6条）
第2節　指定宗教法人による財産の処分及び管理の特例（第7条－第11条）
第3節　特別指定宗教法人による財産目録等の閲覧の特例（第12条・第13条）
第4節　補則（第14条－第17条）
第5節　罰則（第18条）
附則

第1条は、法律の趣旨を定めています。すなわち、特定不法行為等（第2条第2項）に係る被害者の迅速かつ円滑な救済に資するため、①日本司法支援センター（法テラス）の業務の特例、②宗教法人による財産の処分および管理の特例を定めることです。

第2条は、用語の定義です。

まず「対象宗教法人」（第1項）とは、宗教法人法第81条第1項の規定による解散命令の請求が行われ、または同項に規定する事件の手続が開始された宗教法人であって、当該請求または当該手続の開始が、㋐宗教法人法第81条第1項第1号に該当するものであり、かつ㋑所轄庁（文部科学大臣、都道府県知事）もしくは検察官による請求または裁判所の職権による手続きの開始であるもの、です（同項第1号・第2号）。㋐㋑に該当するものが、以下「特定解散命令請求等」と呼ばれます。

また「特定不法行為等」（第2項）とは、特定解散命令請求等の原因となった不法行為、契約申込み等（対象宗教法人との契約の申込みもしくはその承諾の意思表示または対象宗教法人に対する財産上の利益を供与する単独行為をする旨の意思表示）の取消しの理由となる行為その他の行為およびこれらと同種の行為であって、対象宗教法人またはその信者その他の関係者によるもの、です。

法テラスによる特定被害者法律援助事業

法テラスは、特定被害者（特定不法行為等に係る被害者であって、国民または日本国内に住所を有し適法に在留する者）をその資力の状況にかかわらず援助する業務を行います（特定被害者法律援助事業・第3条第1項第1号）。具体的には、特定不法行為等に関する民事事件手続（裁判所における民事訴訟手続、民事調停手続、民事保全手続、強制執行手続その他の民事事件に関する手続）であって、特定被害者を当事者とするものの準備および追行のため代理人に支払うべき報酬およびその代理人が行う事務の処理に必要な実費の立替えをすること（同号イ）、などです。

法人財産の処分に関する所轄庁への通知制度

第7条は、指定宗教法人の指定に関する規定です。指定宗教法人とは、対象宗教法人において特定不法行為等に係る被害者が相当多数存在することが見込まれ、かつ、財産の処分および管理の状況を把握する必要がある場合に、所轄庁が指定するものです（同条第1項第1号・第2号）。指定宗教法人がその不動産を処分し、または担保に供しようとするときは、当該不動産の処分または担保としての提供の少なくとも1か月前に、所轄庁に対し、その要旨を示してその旨を通知しなければなりません（第10条第1項）。前記の通知は、公告の対象となります（同条第2項）。通知が無い場合、その処分は無効となります（同条第3項、宗教法人法第24条）。また、通知をしなかったり、虚偽の通知をしたときは、10万円以下の過料に処せられます（第18条）。

指定宗教法人等の財産に対する監視の強化

指定宗教法人に指定されると、宗教法人法第25条が「毎会計年度」と定める財産目録等の作成および提出が、貸借対照表も加えて、毎会計年度の各四半期（3か月ごと）に義務付けられます（第11条第1項）。

所轄庁は、対象宗教法人が、①指定宗教法人の指定の二要件（第7条第1項第1号・第2号）に該当することに加え、②その財産の内容および額、その財産の処分および管理の状況その他の事情を考慮して、その財産の隠匿または散逸のおそれがあると認めるときは、「特別指定宗教法人」として指定することができます（第12条第1項）。財産の処分に関する所轄庁への通知制度に関する規定（第10条）、財産目録等の作成・提出に関する規定（第11条）などは、特別指定宗教法人にも適用されます（第12条第2項）。

特定不法行為等に係る被害者は、所定の手続きにより、特別指定宗教法人の財産目録等の書類の写しの閲覧を求めることができます（第13条第1項）。閲覧の対象は、特別指定宗教法人の指定前または本法の施行期日前に、所轄庁に提出された「前年度」の財産目録等も含まれます（同項第2号、附則第3条）。

所轄庁が指定宗教法人、特別指定宗教法人を指定し、または指定を解除する場合には、宗教法人審議会の意見をあらかじめ聴かなければなりません（第7条第2項、第12条第3項）。

「3年」の期限付き立法

特定不法行為等特例法は「施行の日から起算して3年を経過した日」に失効します（附則第5条）。もっとも「その施行の状況等を勘案し、この法律の延長及び財産保全の在り方を含め、この法律の規定について検討を加え、必要があると認めるときは、その結果に基づいて法制上の措置その他所要の措置を講ずる」こととし（附則第6条）、延長の可能性を持たせています。

立法を終えたばかりで、その実効性に関する検証はこれからです。セクション34、35で触れたとおり、東京地方裁判所における解散命令請求事件の手続きが今後どのように進んでいくのかが鍵となります。

野党が提出した対案

衆議院会派の立憲民主党・無所属、日本維新の会は共同して、「解散命令の請求等に係る宗教法人の財産の保全に関する特別措置法案」を提出しました（２０２３年10月20日）。

立憲・維新案は、宗教法人の財産に対する保全処分（裁判所）を制度化する内容です。具体的には、①裁判所は、法令に違反して、著しく公共の福祉を害すると明らかに認められる行為をしたこと等を理由として、宗教法人の解散を命ずる裁判の請求があった場合等において、②相当な理由があるときは、③所轄庁（文部科学大臣、都道府県知事）、利害関係人もしくは検察官の請求または職権で、その事件について決定があるまでの間、当該宗教法人の財産に関し、管理人による管理を命ずる処分その他の必要な保全処分を命ずることができる、とするものです（会社法の規定を準用）。

②「相当な理由があるとき」とは、㋐当該宗教法人による不当な寄附の勧誘その他の行為によって生じた損害の賠償に係る訴訟、示談の交渉および国の行政機関等に

対する相談に係る状況等に照らし、当該行為によって、相当多数の個人において、多額の損害が生じていると見込まれること、㋑当該宗教法人の財産の構成、国内から国外へ向けた多額の送金その他の当該財産の第三者への移転に係る状況等に照らし、当該財産の隠匿または散逸のおそれがあること、のいずれも充たす場合です。

立憲・維新案では確かに、裁判所による保全処分の手続要件が厳格に定められており、また、保全の対象は、潜在的な被害も含まれ得るとの法案提出者の答弁も示されるなど、実際に処分が行われた場合には、財産の隠匿、散逸を防止する効果が期待できます。しかし、当該宗教法人に対する解散命令の決定がなされるまでの間に、その財産の包括的な保全を可能とすれば、法人としての活動の自由、財産権を著しく制約することになり、その憲法適合性を疑問視する意見が根強く主張されました。結局、第212回国会でも、特定不法行為等被害者特例法案の提出会派（自民、公明、国民）との間で、歩み寄りが進みませんでした。

SECTION 39

宗教法人に対する課税の見直し

ポイント

国税、地方税のいずれの制度においても、宗教法人に対する優遇措置が認められています（非課税、課税除外）。昨今、旧統一教会の問題を契機として、課税のあり方を一般的に見直すべきとの議論がくすぶっています。中にはアメリカ、ドイツの例にならって、宗教法人格の取得と税制上の特例措置を分離するべき（一律に優遇すべきではない）という議論もみられます。

昨今、旧統一教会の問題を契機として、宗教法人に対する課税（国、地方）のあり方を見直すべきとの議論がくすぶっています。

現在、宗教法人に対しては、国税、地方税において一定の優遇措置（非課税、課税除外）が認められています（表参照）。ここで思い返すべきは、法人の財産が蓄積され、活動が拡大した一方で、社会的に問題視される事案が各地で増えるに至った「負の実態」です。確かに、すべての宗教法人が問題事例を抱えているわけではありません。しかし、オウム真理教事件（1995年）を端として、その後の解散命令（請求）の動きにつながる事案が発生すると、状況的に税制措置の見直し議論を避けることができなくなります。いわば古くて新しい議論ですが、改めて整理しておきましょう。

宗教法人に対する課税上の特例

	税目	宗教法人に対する課税上の特例
国税	法人税	①非収益事業（34の収益事業を除く事業）による所得は非課税。、②収益事業による所得には税率19％（年800万円以下の所得には15％）を適用（⇔普通法人に対する基本税率は23・2％）。、③収益事業に属する資産から非収益事業への「みなし寄附金」が認められ、所得金額の20％まで損金算入が可能。
	所得税	利子、配当等の金融資産収益は非課税。
地方税	法人住民税	非収益事業による所得は非課税、収益事業による所得は課税。
	法人事業税	
	登録免許税	本来の宗教事業に使用する限り非課税。
	不動産取得税	
	固定資産税	

よく問題視されるのが、さい銭、お布施です。これらは、喜捨金（寄附）として扱われ、収益事業には該当しません。おみくじ、御札、御守などの販売では、その仕入価格と販売価格との差額において、一般的な物品の販売による利潤ではなく、実質的な喜捨金と認められるような場合も、収益事業には該当しないとされています。課税上の特例は、広く適用されているのが現状です。

「非課税」とされた経緯

戦後制定された宗教法人令（1945年12月28日勅令第719号）第16条は、「宗教法人ニハ命令ノ定ムル所ニ依リ所得税及法人税ヲ課セス神社及寺院ノ境内地並ニ教会ノ構内地ニ付テハ命令ノ定ムル所ニ依リ地租ヲ免除ス但シ有料借地ナルトキハ此ノ限ニ在ラス」（第1項）、「都道府県、市町村其ノ他ノ公共団体ハ宗教法人ノ所得ニ対シ地方税ヲ課スルコトヲ得ス」（第2項）と定めました。この規定は、シャウプ勧告に基づく税制改正（1950年）にも承継され、現行の宗教法人法第84条は、宗教法人に対する課税立法が「宗教上の特性及び慣習を尊重し、信教の自由を妨げることがないように特に留意しなければならない」と、強い書きぶりになっていることに注意を要します。

第84条（宗教上の特性及び慣習の尊重）　国及び公共団体の機関は、宗教法人に対する公租公課に関係がある法令を制定し、若しくは改廃し、又はその賦課徴収に関し境内建物、境内地その他の宗教法人の財産の範囲を決定し、若しくは宗教法人について調査をする場合その他宗教法人に関して法令の規定による正当の権限に基く調査、検査その他の行為をする場合においては、宗教法人の宗教上の特性及び慣習を尊重し、信教の自由を妨げることがないように特に留意しなければならない。

課税上の特例措置の見直し

課税上の特例措置を見直すべきか否か、その賛成意見、反対意見は、次のように整理できます。昨今は特に、「納骨堂」「ペット供養」といったビジネスライクな事業が増えており、純粋な宗教活動との区別が困難と化している事情があります。

【賛成意見】

①宗教法人の課税上の特例措置は元々、広大な土地（境内）を維持させるための固定資産の減免が主目的であり、法人税の減免は抑制的であるべきである。

②近年、ビル型「納骨堂」の新設が相次いだり、「ペット供養」が普及するなど、営利事業が盛んに行われ、宗教とビジネスとの区分が難しくなっている。

【反対意見】

①過去、国家が特定の宗教に対する不当な介入、圧迫を行ったことの反省に立って、現行の優遇税制がある、その成り立ちを重視すべきである。

②宗教活動は基本的にお布施等によって支えられており、檀家等が自ら支払った金銭を自ら費消しているにすぎず、本来的に課税しようがない。

一方、政治の実情としては、与野党の別なく、平時の政治活動、とりわけ選挙の際には特定の宗教法人から人（組織）的、物（財政）的な支援を受けています。このため、宗教法人に不利益を与えるような問題提起にあっては、そのインセンティブが元々働かず、次なる展開が見えません。仮に法整備を行うとなれば、議員立法に依るべきものと考えられ、政治的な前提条件として、党派を超えた合意形成が不可欠となります。

税制上の特権を分離すべきとする議論

宗教法人の課税上の優遇を維持する場合であっても、制度上はその法人格の認定と分離すべきという議論があります。法人格を付与するとしても、課税上の優遇を一律に措置することはしない趣旨です。アメリカ、ドイツの例が知られています。

前述の宗教法人法第84条の規定の趣旨に従い、現行の法人税法等の改正は、慎重に検討を重ねた上で決定する必要があります。また、アメリカの例のように免税宗教団体を制度化する場合には、その要件を形式的、客観的に定める必要があります。

	アメリカ	ドイツ
制度の概要	連邦税法上、教会は自動的に免税対象となる。教会以外の宗教団体は、課税庁(内国歳入庁)の審査により免税団体として認可された場合に、税法上の特典が受けられる。	プロテスタント、カトリック等の伝統的な宗教団体は「公法上の社団」として多くの税目で課税が免除される。それ以外の宗教団体は私法上の団体とされ、課税庁の審査により認可を受けた場合に、税法上の特典が受けられる。
特権の要件	教会以外の宗教団体が免税団体としての資格を取得、維持するためには、①専ら宗教目的で組織、運営される、②団体の純利益が私人または株主の利益に供されない、③活動の実質的な部分が立法活動に影響を及ぼさない、④組織が政治的活動に介入しない、⑤団体の活動が違法でなく、公序良俗に反するものではない、という要件を充たす必要。	課税庁による審査基準は、①法人の本来の目的(宗教活動に専念しているか等)、②法人の所得内訳(本来の事業との実質的関連性の有無等)、③法定要件該当性(定款の確認等)の3つ。

(出典)国立国会図書館作成資料より抜粋。

SECTION 40

消費者教育の充実・強化

ポイント
高校などで行われる消費者教育では、実際に生じた被害事例について具体性を持って扱われる必要があります。さらに、被害者救済の方法、相談窓口を知っておくことが有用です。

消費者庁検討会報告書（２０２２年10月17日）には、「特定の集団が霊感商法を引き起こしているときに、その実名を出して具体的に説明しなければ、消費者被害の防止に役立たないとの指摘があった。この点に関し、高校生も含めて消費者教育の中でしっかりと伝え、消費者被害をどう避けるか、どう救済されるのか、どこに相談できるのかをいうことを教えることが重要である」との行があります（同８頁）。

実名（例）を出して説明すべきとの指摘は重要です。霊感商法、寄附などをめぐる被害が随所で発生し、社会問題化しているときには、問題（被害）の構造を具体的に知ってこそ、被害に遭わないための防御策、トラブル解決策を学ぶ意義が高まります。

また、相談窓口の所在、相談の方法を知る（知らせる）ことも有用です。口述、文書によらない、ネット上のコミュニケーションが主流となっている現代社会では特に、霊感商法、寄附などに限らず、一般的な消費者被害に遭い、苦しんでいる個人の状況が周囲から判明しづらくなっています。そのため、適切なアドバイス、サポートが遅れ、被害の苦しみを増長させてしまうことがあるのです。無料で相談に即応できる消費者ホットライン（１８８）、警察専用相談電話（＃９１１０）、24時間こどもＳＯＳダイヤル（０１２０-０-７８３１０）など、さらに広く周知する必要があります。

「政府インターネットテレビ」の広報サイト

※政府インターネットテレビ「不当な寄附の勧誘に心当たりのある方へ」のWebページ
https://nettv.gov-online.go.jp/prg/prg26496.html

教材の改訂と啓発チラシの配付

消費者教育の教材『社会への扉』は、生徒用と教師用解説書の二種類が活用されていますが、このうち教師用解説書では、霊感商法等によって契約を締結した場合にその取消しができる旨が追記されました（2022年9月改訂）。消費者庁は2023年3月、「気を付けて！　悪徳商法」と題するチラシを作成し、大学、高校、特別支援学校等に対する周知を始めています。

消費者力の育成、強化

消費者庁は現在、幅広い世代を対象に、消費者トラブルへの対象方法などを含む「消費者力」を育成、強化するための新教材の開発に取り組み、2023年度中に完成させる予定です。「消費者力」とは、筆者がイメージするところでは、①日常の売買など消費生活に関する基本的な知識のほか、②批判的な思考を通じて被害を予防する力、③周囲のトラブルを認知し、寄り添う行動力、④あるべきルール形成の実現を政治、行政に働きかける力など総合的な思考、行動を惹起する源泉です。

①は、民法成年年齢の18歳引き下げ（2022年4月1日）に際して、繰り返し指摘

されてきたところであり、今後一層喚起すべきは②の批判的思考力であると考えます。

余談になりますが、文部科学省は2022年12月、12年振りに改訂した「生徒指導提要」において、「校則の見直しの過程に児童生徒が参画することは、校則の意義を理解し、自ら校則を守ろうとする意識の醸成につながります。また、校則を見直す際に児童生徒が主体的に参加し意見表明することは、学校のルールを無批判に受け入れるのではなく、自身がその根拠や影響を考え、身近な課題を自ら解決するといった教育的意義を有するものとなります」と記載しています。

批判的思考力は、消費生活、学校生活、職業生活など場面を問わず有用であり、若い時期に体得すれば生涯を通じて役立つものです。②批判的思考力を含むものとして「消費者力」が体系化され(「市民性スキル」とも呼ばれます)、そのボトムアップが始まることによって、市民社会が健全に発展することが期待されます。

おわりに

〝あらゆる消費者問題は消費者被害に始まり、消費者被害に終わる。〔中略〕本当に権利があれば、それを主張するのが当然だが、それに基づいて救済を受け、原因を除去することが、どれほど大変なことであり、困難なことであるのか。〟

この一文は、森永ヒ素入りミルク中毒事件、豊田商事事件など、昭和・平成期にかけて数多の消費者被害事件の訴訟代理人を務めた中坊公平・元日本弁護士連合会会長（1929—2013）の言葉です（「消費者保護基本法制定25年によせて」『消費者ネットワーク 37号』1993年、2—3頁）。消費者法制の拡充が進んでいる今日においても、被害者救済の困難さは、問題の基底に在り続けています。たとえ法律の運用が始まった後でも、新たな問題が顕在化し、救済の道を滞らせることさえ起こり得ます。

中坊氏は当時、消費者法制に「保護」という語が多用されている点を捉えて、「保護」が指す「恩恵を施す人（国）と恩恵を受ける人（消費者、市民）」という縦軸関係の成立が、消費者の「当事者性」を喪失させていることを問題視していました（前掲6頁）。現在の法的枠組みに立てば、消費者、市民がその主体性を回復し、拡張させることで、消費者契約上の「事業者」との間で健全な横軸関係を構築することが課題となります。今回の救済二法は、この意味での新たな礎石であり、いまなお規範形成の途上にあることは、みなさん自身が直感されているとおりです。救済の実効性に係る「真価」が問われるのは、まさにこれからの運用次第です。

誤解を恐れず言えば、昨今話題となった「新法」のうちAV出演被害防止・救済法（２０２２年６月22日法律第78号）、ＬＧＢＴ理解増進法（２０２３年６月23日法律第68号）など、会期末間際のスピード成立が優先されたものは、形ある立法を遂げた「充足感」は伝わってくるものの、その理念目的や運用基準等が国民に十分説明されているとは言い難い状況にあります。残念なことに、昨今の国会は、政府に法執行を丸投げしたまま、制度の見直しを先送りにしがちです。憲法施行から80年近くが経過し、２千を超える法律が存在する中、制度体系の複雑さ、非効率さを排しながら、それぞれの法律が有する機能を再定位する作業が求められています。

そもそも「救済」とは何か。この問いと実践はなお続きます。「実効性のある対策がすでに講じられた」という集団幻想に陥ってしまうと、新たな被害を生み、その状況を見逃しかねません。「安全神話」「安心感」を付加させやすい国民性に対しても、常に懐疑的であり続ける必要があるでしょう。

政府・国会には引き続き、救済立法の次なる展開に挑み、結実させる取り組みが求められます。筆者は何より、みなさん自身が批判的思考と合意形成の実践者となることを願ってやみません。解決のヒントは巷に溢れているものの、みんなで「最適解」を決めるのはなかなか容易ではありません。この視点を最後に共有させていただき、本書を締めくくります。

■著者紹介

南部《なんぶ》　義典《よしのり》　国民投票総研 代表
1971年岐阜県生まれ。1995年京都大学文学部卒業。衆議院議員政策担当秘書、慶應義塾大学大学院法学研究科講師（非常勤）等を歴任。研究分野は憲法改正手続法制、年齢関係法制、立法過程。

○主要著書・監修

『18歳成人とキャリア教育』（共著、開発教育協会、2023年）
『マンガde理解 ココが変わった!! 18歳成人 法律編・生活編』（監修、理論社、2023年）
『教えて南部先生! 18歳までに知っておきたい選挙・国民投票Q&A』（C&R研究所、2023年）
『教えて南部先生! 18歳成人Q&A』（C&R研究所、2022年）
『改訂新版 超早わかり国民投票法入門』（C&R研究所、2021年）
『図解超早わかり18歳成人と法律』（C&R研究所、2019年）
『9条改正論でいま考えておくべきこと（別冊法学セミナー No.255）』（共著、日本評論社、2018年）
『広告が憲法を殺す日』（共著、集英社新書、2018年）
『18歳成人社会ハンドブック』（共著、明石書店、2018年）
『18歳選挙権と市民教育ハンドブック 補訂版』（共著、開発教育協会、2017年）
『Q&A解説 憲法改正国民投票法』（現代人文社、2007年）

編集担当：西方洋一 / カバーデザイン：秋田勘助（オフィス・エドモント）

教えて南部先生! 18歳から知っておきたい
契約の落とし穴　高額寄附被害者救済二法

2024年1月24日　初版発行

著　者　南部義典
発行者　池田武人
発行所　株式会社　シーアンドアール研究所
新潟県新潟市北区西名目所4083-6（〒950-3122）
電話　025-259-4293　FAX　025-258-2801
印刷所　株式会社　ルナテック

ISBN978-4-86354-438-3 C2032